Travailler moins, gagner plus

Du même auteur
aux Éditions J'ai lu

TONVOISIN DEBUREAU
Travailler avec des cons
N° 8948

TONVOISIN DEPALIER
Vivre avec des cons
N° 8949

TONVOISIN
DEBUREAU

Travailler moins, gagner plus

Guide de survie
dans une entreprise à la con

ESSAI

J'AI LU

Le travail acharné n'est que le refuge des gens qui n'ont rien d'autre à faire.

Oscar WILDE

Entre se tuer au travail et mourir d'ennui, pourquoi ne pas choisir de tuer l'ennui au travail.

Tonvoisin DEBUREAU

Avertissement de l'auteur

Pour apprécier ce livre pleinement et dans toute sa dimension ludique, il est vivement conseillé de le lire sur son lieu de travail.

Préambule
Le branleur !

Saviez-vous que le branleur occitan est un tambour à friction, instrument de musique classé dans la famille des membranophones ? Les curieux seront heureux d'apprendre que pour s'en servir il faut frotter doucettement une fine tige contre une membrane tendue sur un pot et trouée au centre. La membrane vibre alors joyeusement au rythme des va-et-vient de la vergette, hop ! hop ! exactement comme un archet frotte sur une corde. Le pot sert de résonateur. Notons que le branleur accompagne souvent les chants par un rythme simple.

Bon, hormis cette approche culturelle qui permet au lecteur de se dire qu'il a appris des choses incroyables, une autre définition du branleur (pas occitan du tout) existe. Le branleur, dans un langage plus courant que nous connaissons tous, est un être mythique et un joyeux collaborateur. Il sévit gaillardement au sein des entreprises, et connaît des tas de trucs totalement invraisemblables que les salariés mortels, laborieux et naïfs ignorent parfaitement.

Mais ne nous faisons pas trop rapidement une fausse idée du branleur, faisons fi de toutes ces idées reçues et autres lieux communs que colportent des jaloux sur ce qu'il est juste de nommer les « alchimistes audacieux de la Valeur Travail » ! Ne croyons pas pour autant que le branleur soit un inutile, ne le classons pas trop simplement au rang de sangsue et de simple parasite. À y regarder de plus près, il n'y a pas d'être vivant dans la chaîne animale qui n'ait son prédateur. Pour ce qui concerne la productivité, la rentabilité, la mondialisation, il fallait bien un animal teigneux et résistant à tous les soubresauts de la Bourse, plus redoutable à lui tout seul qu'un commando d'altermondialistes... cet animal existe, le bien nommé branleur !

Il est le découvreur jalousé de la pierre philosophale : « Travailler moins pour gagner plus » ; autant vous dire que les bardés de diplômes l'ont assez mauvaise de s'être fait doubler par cet autodidacte qui relance tout seul sa croissance et son pouvoir d'achat, et explose son taux horaire en pleine récession.

Démonstration :

Je suis payé 10 euros l'heure.
Je travaille huit heures.
Je reçois 80 euros (8 × 10 euros).
C'est bien.

Je reçois 80 euros.
Je travaille deux heures.
Je suis maintenant payé 40 euros l'heure : (80 euros divisés par 2).
C'est mieux !

Ce fait-néant, éminent spécialiste du pas grand-chose en surface et du rien en profondeur, est un contributeur avéré des théories de la décroissance les plus avancées et lutte au jour le jour, limite au péril de sa vie, contre la productivité.

Le branleur, le vrai, le puriste, est pour beaucoup une énigme. Il a développé moult techniques parallèles de survie dans l'entreprise. Quant à la définition du « branleur occitan », autant le dire tout de suite, notre homme s'en tape royalement.

Vous êtes prêt ? Suivez-moi, allez-y piano, ou à la rigueur mezzo piano, mais je vous en conjure ne faites pas trop de bruit en tournant les pages, l'approche de l'animal doit être furtive et discrète ; d'autant qu'il doit être en pleine sieste…

Soyons réalistes, pendant que vous trimez dur à la poursuite illusoire de vos trente-cinq heures en en faisant cinquante-deux dans vos meilleures semaines, pendant que vous rachetez vos RTT pour vous payer des vacances que vous ne prendrez pas puisque, à ce rythme, demain vous rachèterez aussi vos congés payés, le branleur, lui, est tout aussi concentré et volontaire que vous. Il s'épuise juste différemment sur des semaines qui avoisinent, mises bout à bout, les deux heures de production effective hebdomadaire ; lui, il est en RTT au boulot, et c'est bien là toute la différence avec votre condition de forçat.

Ainsi, pendant que vous pensez naïvement être l'un des piliers parfaitement indispensables de votre entreprise (ce en quoi vous vous gourez largement), le branleur, lui, beaucoup plus lucide, s'est fait une raison : il a parfaitement intégré le cynisme de la real économie et se contente, du coup, d'en être un pilier… parfaitement branlant[1].

---

1. À moins bien évidemment que vous ne soyez vous-même un branleur ou une branleuse, venant au travers de cette lecture édifiante peaufiner votre savoir-faire.

Comme il le dit lui-même avec une grande et touchante sincérité à ses intimes, après l'école qui avait réussi à le prendre en otage de longues années sans qu'aucune tentative de libération probante n'ait été menée, se rendre à son travail, pour notre branleur, c'est un peu comme se constituer prisonnier.

Devenu grand par la force des choses, après une plus ou moins longue carrière à faire preuve d'une non-violence remarquable vis-à-vis du travail dans divers établissements scolaires, voilà notre homme (ou notre femme) embrigadé bien malgré lui, incarcéré quasi de force par le système. De son point de vue, il est un genre de Pinocchio avalé par la méchante grosse baleine entreprise. Bref, il est dans une belle panade, au fond du trou de la Sécu, sans libération conditionnelle possible avant la retraite. Mais être prisonnier ne veut pas dire pour autant capituler tout de go. Fin stratège, ilote récalcitrant de la « théorie de l'éclate au bureau » et plutôt vif intellectuellement (le branleur con ayant une carrière assez brève dans l'entreprise), il a, bon an mal an, réussi à faire de cette capacité à ne rien branler un véritable art de vivre et de résistance et à imposer son style.

Quels sont ses secrets ? Comment procède-t-il pour réussir à innover chaque jour dans cet art de ne rien faire ? Je vous invite à découvrir (ou à améliorer) les techniques les plus ingénieuses de la glande en entreprise pour finalement devenir un branleur ou une branleuse ultraperformant(e).

Dites-vous bien, et ce afin que vous puissiez pleinement juger du chemin qui vous sépare de l'excellence, que le style branleur n'est pas une sinécure.

On ne se décrète pas branleur ! On adopte un mode de vie : on vit branleur, on s'habille branleur, on mange branleur, on pense branleur... Tout comme il y a le *way of thinking*, il y a le *way of branling*, qui a lui aussi son petit côté tendance.

J'attire votre attention sur le fait qu'un branleur n'est pas un paresseux ! Cela n'a rien à voir. Le paresseux ne fait rien ; le branleur, lui, il fait juste autre chose.

Pourtant, il n'y avait pas encore de guide pratique de la branle en entreprise, laissant jusqu'à ce jour la place à des formations finalement assez autodidactes, un apprentissage sur le tas, présentant naturellement un risque majeur : celui de se faire choper !

Rassurez-vous, si l'art du branleur et sa capacité à ne pas être viré *manu militari* de l'entreprise vous semblent encore un peu obscurs, c'est qu'il faut procéder par étapes pour bien comprendre sa logique et ses techniques les plus avancées. Cependant, pas d'affolement : comprendre la façon de penser du branleur est simple et peut se résumer en quelques phrases et exemples métaphoriques ; pour avoir une petite idée de sa nature profonde, vous devez savoir que le branleur prépare ses vacances quand vous attaquez votre rentrée. Et quand vous prenez votre retraite pour mourir en paix comme tout le monde le fait, avec humilité, en remerciant l'entreprise de vous avoir laissé en vie, le branleur, lui, tirant enfin tous les bénéfices d'une carrière à n'en branler pas une, pète le feu, la forme et va enfin s'éclater.

À ce stade, vous comprenez aisément que si, plein d'entrain, vous sautillez à l'idée de retrouver votre boulot, en lisant ces lignes dans des transports en commun[1] bondés et transpirants, cela peut calmer vos ardeurs et vos ambitions matinales. Voire même, cette prise de conscience peut initier une rude dépression... Il ne s'agit pas pour autant de vous précipiter sur le signal d'alarme, à moins bien sûr que vous ne changiez vos objectifs ambitieux de la journée, et que vous ne le fassiez à titre initiatique d'intronisation au club très fermé de la glande.

Parce que le signal d'alarme, s'il est actionné vigoureusement et sans aucun autre danger à l'horizon que les murs de votre entreprise qui se rapproche affreusement, c'est toujours au minimum une bonne heure de grattée. Et si, par ailleurs, pendant l'arrêt intempestif vous feignez de tomber et attendez les pompiers, alors là, c'est deux ou trois heures et l'accident du travail à la clé !

Vous voyez, vous commencez à comprendre la logique !...

1. Si vous lisez en voiture, c'est très imprudent.

Mon entreprise d'abord ![1]

Chapitre 1 : Être vraiment ultra-efficace au bureau
Chapitre 2 : Augmenter sa productivité de 987 %
Chapitre 3 : Gérer son temps comme un dieu
Chapitre 4 : Vivre son entreprise à donf
Chapitre 5 : Optimiser enfin ses trente-cinq heures
Chapitre 6 : Arriver tôt, bosser comme un taré, partir tard dans la nuit noire !
Chapitre 7 : Être un *winner* de chez les warriors !
Chapitre 8 : Savoir s'automotiver à l'excellence
Chapitre 9 : Gagner pour son entreprise en chantant
Chapitre 10 : Oublier le « je », oser le « on », ou comment devenir sa culture d'entreprise et ne faire qu'un
Chapitre 11 : Faire corps avec son entreprise
Chapitre 12 : Savoir mourir dignement pour son entreprise
Chapitre 13 : Des salariés gagnants pour une entreprise heureuse, épanouie et performante
Chapitre 14 : Savoir demeurer un salarié exemplaire en lisant sa lettre de licenciement

1. Ce faux sommaire de pipeau-management, essaimé de jolis chapitres très sérieux, vous servira si vous êtes en train de lire le bouquin discrétos au bureau. Pensez à mettre un marque-page de façon à être réactif en cas d'alerte !

1

Naît-on ou devient-on branleur ?

Ça se discute

Il y a certes des branleurs de naissance, qui ne branlaient déjà pas grand-chose à la crèche et qui, plus tard, ont continué sur leur lancée en soignant méticuleusement leur cursus, échouant de fond de classe en fond de classe, de radiateur en radiateur. Mais ceux-là arrivent de façon très improbable jusqu'à un bureau, préférant glander de façon très officialisée à l'ANPE, et se lancer à fond dans l'art. À côté de cette caste de branleurs extrêmes, de ces « intouchables » du travail qui forcent le respect et l'admiration, d'autres, pour des raisons diverses et variées que nous explorerons ensemble, ont contribué d'abord un certain temps au grand machin mondialisé, avant de se réorienter et de faire le choix d'une vie trépidante, audacieuse et risquée. Ils ont en effet embarqué comme passager clandestin du capitalisme.

Pourquoi une telle volte-face ? Comment peut-on ainsi passer de la loyauté à la plus vile des roueries ? Nous pourrions arguer pour nous rassurer d'une sorte de fatalité, d'une étrange maladie de type chikungunya des entreprises qui s'appellerait la « maladie de la branle », plongeant les plus actifs d'entre nous dans la léthargie la plus comatique.

Branleur vengeur

Notons que les branleurs les plus communs (*Branlus hominus*) sont les branleurs pour partie issus de la désillusion ; ils ont naturellement ce que l'on nomme dans le jargon la « branle vengeresse » – certains *aficionados* utilisent même le terme de « branle haineuse » mais, d'un point de vue phonétique, qui dit « branlaineuse » dit « branlaineur » et plus personne n'y comprendrait plus rien… Quoique le PSG semble avoir depuis quelque temps de sacrés branlaineurs… mais là n'est pas le débat.

La branle vengeresse n'est donc pas une branle innée. Elle est certes soudaine mais aussi mûrie et réfléchie ; une branle acquise. Ce que l'on nomme chez les spécialistes qui se sont intéressés au sujet une « branlerie en conscience ». Après des années d'investissement sincère, sautant de challenge en challenge, d'objectif en objectif, comme le joyeux petit singe tamarin bondit habilement de branche en branche, un jour la branche casse, le petit singe se pète lamentablement la gueule, et tombe nez à nez avec sa fiche de paye, où apparaissent en toutes petites lettres « les clopinettes de que dalle de rien », autant dire… *peanuts*, rien, *nada*, néant… ce que les RH appellent dans un sale jargon qui leur est propre des « augmentations ». Mais sachez que les ressources humaines sont peu aux prises avec le coût de la vie, et par ailleurs elles devaient jouer à chat perché ou à colin-maillard lors du passage à l'euro.

Pour le petit singe tamarin qui s'est fracassé par terre, c'est alors la période mystérieuse, limite mystique, dite de la grande révélation. Cette période est un peu trouble où le branleur en devenir, encore étourdi par sa gamelle, se met à entendre des voix qui lui disent en substance : « Quelle bande de fieffés enfoirés ! » Et parfois même, ces voix sont beaucoup plus grossières : « Quelle bande de..., après ce que j'ai fait pour eux ! Leur augmentation à la con, ils peuvent bien se la carrer où je pense », ou encore : « Putain de boîte de cons de merde ». Bien que ne pouvant cautionner de telles insanités, le petit singe tamarin, par ce langage fleuri, signifie qu'il est très en colère et, pire encore, qu'il s'est fait très mal ! La chute en désillusion a été rude. C'est une période de lutte quasi schizophrénique où se joue la transformation du salarié modèle en abominable renégat pro-OGM (attention, pas de méprise : Organisation de la Glande Mondiale).

Certains, après ce combat intérieur titanesque, renoncent lâchement à la rébellion et rejoignent la mare à l'arnaque en faisant les canards ; c'est souvent dans cette configuration traditionnelle que disparaissent les sympathiques singes tamarins et que la fabrique à branleurs et branleuses (la non-reconnaissance par l'entreprise de l'œuvre du salarié) se met en marche. D'aucuns disent alors « se met en branle ».

Le salarié d'hier, motivé jusqu'au ridicule, investi comme un missionnaire, en a quand même un peu marre de se faire avoir. Humilié, il se transforme ainsi en un branleur en révolte, fomentant les pires vengeances, développant des techniques d'une incroyable ingéniosité pour arriver au résultat escompté, la branle totale à très haut salaire (en américain, *the total branl*). Travailler moins pour gagner plus jusqu'à l'indécence est devenu son nouvel objectif ! La crise, la récession, la rigueur et les augmentations à un euro, connaît pas ! La totale branle, importée de France, ferait pâlir de jalousie tout ministre du Budget[1] compétent qui finirait par se dire, s'il était un tant soit peu honnête : « Mais pourquoi diable n'y ai-je pas pensé avant ? »

En effet, s'augmenter de façon artificielle est d'une facilité déconcertante à la portée du tout-venant. Ce dernier s'astreint à fournir une quantité de travail si infime que cela lui permet de relever son taux horaire à un taux qui ferait frémir d'envie le P-DG d'Enron (juste avant les vingt-quatre ans de taule).

On peut dire que cette pratique du branleur est une des plus répandues. Et si ces derniers trouvent naturellement cette attitude éminemment jouissive… qui peut leur en vouloir ? En réfléchissant à l'amoncellement de nos propres désillusions, on ne peut, au mieux du mieux, que jalouser leur expertise revancharde et, au minimum, leur trouver quelques excuses.

Mais nous nous devons surtout de nous mettre à étudier de plus près cette méthodologie du succès. Comme le souligne Edgar Bergen et tous les branleurs du monde : « Travailler dur n'a jamais tué personne. Mais pourquoi prendre le risque ? » Et quadrupler son salaire en période de récession en faisant varier à la hausse son taux horaire, si ça, ce n'est pas un objectif ambitieux, alors qu'est-ce que c'est ? Travailler moins et gagner plus de façon indé-

1. Pour vous amuser et vous distraire, je me suis permis de glisser deux adjectifs qualificatifs bidonnants concernant les ministres du Budget. À vous, lecteur perspicace, de les retrouver.

cente, voilà ce que je vous propose. Un vrai programme qui devrait me lancer pour les présidentielles futures et laisser les économistes les plus prestigieux à genoux.

Aptitude à l'inactivité

Ne nous emballons pas – comme disent les branleurs ayant suivi toutes les formations en anglais depuis que les formations en anglais existent : *Do not emballe yourself !* Développer une aptitude à l'inactivité, devenir un négationniste accompli du travail, un révisionniste du fordisme n'est pas à la portée de tous. On ne se lance pas dans le rien à l'aveuglette ! Les professionnels vous le diront, certains apprentis branleurs, découragés par une énième désillusion, jurant leurs grands dieux « de ne plus rien foutre pour cette putain de boîte », achoppent pourtant rapidement à l'écueil de la culpabilité. Ne rien foutre et culpabiliser, c'est comme manger un gâteau en plein régime en stationnant sur une balance : on gâche cruellement son plaisir !

Le branleur professionnel, a contrario, ne développe aucun sentiment de ce genre. Son renoncement à l'activité est quasi religieux. Presque à l'image du moine en retraite ayant fait vœu de chasteté, le branleur a quant à lui fait vœu d'inactivité professionnelle.

Néanmoins, attention (toujours) à ne pas tomber dans la caricature : le branleur avéré est souvent un ultraproductif mais, à la différence du salarié lambda, besogneux et régulier, il ne travaille que par impulsion, au moment où ça lui prend. Histoire de faire juste ce qu'il faut. Quand par miracle l'envie de travailler le saisit sur son lieu de travail, cela s'apparente à un moment de grâce dont il ne décide, à dire vrai, pas vraiment lui-même. Durant ces épiphénomènes à caractère divin (avant qu'il ne se ressaisisse), il est en mesure de faire en quelques minutes ce qu'un individu un tant soit peu normal ferait en trois à quatre semaines. Un branleur talentueux n'évolue pas dans la même échelle temporelle que l'humain.

Tester son aptitude

Quelques exercices simples permettent de tester son aptitude à cette vie d'un nouveau genre. Le B.A.BA consiste à remettre systématiquement au lendemain ce qu'on peut faire le jour même. Notons que plus le travail est urgent, plus la capacité à le remettre aux calanques grecques est la preuve d'un terrain fort encourageant pour le néophyte. Vous goûterez par exemple au plaisir de répondre à la question : « Dis, tu as vu mon e-mail ? » par un superbe : « Je l'ai vu mais je n'ai pas encore eu le temps de l'ouvrir » !

Différer à peu près tout, c'est un bon départ. Ce dernier est nécessaire, mais non suffisant ; il ne s'agit pas non plus de compenser cette fenêtre d'oxygène par un autre travail, ni de passer une mauvaise nuit à se répéter des phrases comme : « Mais qu'est-ce que j'ai fait ? », « Tu vas finir par te faire virer » et autres balivernes bien sottes.

Les experts que j'ai consultés affirment que l'erreur la plus courante du néophyte est le fruit d'un manque de préparation à la phrase classique qui arrive alors assez rapidement : « Je t'avais pourtant dit que c'était urgent. » Là, force est de constater que l'apprenti, mal préparé, tombe dans le piège tendu par le véritable axe du mal et ses forces vives (les forces du travail) et, penaud, va chercher des justifications hasardeuses en balbutiant niaisement. Genre : « Je suis désolé. »

Ne soyons pas trop moqueurs, cela arrive à tout le monde, il n'y a pas de quoi s'affoler ni se décourager, c'est juste un manque classique de préparation aux phrases antibranleurs. Le professionnel, assumant sa branlerie, pourra asscner effrontément un « ah bon ? » laconique, ou un plus perfide « ça se fera quand ça se fera… » Et il ajoutera pour le fun : « Si ça se fait un jour… », histoire de remettre, si ce n'est une tournée, du moins la pression dans le camp désemparé des travailleurs. Mais, comme disent les ivrognes : « Le rhum ne s'est pas fait en un jour. »

Un deuxième exercice va consister à reconfigurer drastiquement sa journée de travail, en optant pour des horaires beaucoup plus souples sans aucune aide des syndicats (qui ont bien d'autres choses à branler). Décaler d'une minute chaque jour son arrivée au travail est une technique de reconquête progressive de sa liberté qui a fait ses preuves. Elle a le mérite de conditionner en douceur ses collègues à la branlerie en construction. À raison d'une minute par jour, en un mois, vous l'aurez compris, trente minutes auront été grattées ; c'est un bon début, mais il est bon de savoir que certaines élites parviennent à des scores beaucoup plus élevés. L'idée est alors d'identifier le point de rupture de cette manipulation mentale et, lorsque vient la première remarque acerbe, de redescendre progressivement jusqu'à acceptation de vos nouveaux horaires par le plus grand nombre.

Toute chose étant égale par ailleurs, il va de soi que cet exercice matinal ne saurait être complet sans une reproduction asymétrique s'appliquant le soir par un départ en fanfare et sans complexes de plus en plus tôt. L'excellence de l'excellence, le Graal étant naturellement de vous croiser quand vous êtes déjà en train de repartir !

Développer son aptitude

Une fois dans la place, avec trente minutes de retard minimum, le branleur apprenti doit ensuite apprendre à progresser à petits pas. Point ne sert de courir, surtout pour un branleur en formation… S'attaquer de but en blanc à huit heures de glande est parfaitement irréaliste et utopique, c'est aller au casse-pipe de façon assurée. Une à deux heures par jour est un démarrage en douceur tout à fait honorable. Soulignons par ailleurs que cette inactivité est plus synonyme de non-productivité, puisque le talent de la branle au bureau est naturellement de donner le change mais dans un mouvement assez proche des subprimes. Au même titre que les activités extrascolaires, le branleur apprenti doit se trouver de nouvelles activités tout à fait extraentreprise, et surtout des activités qui lui conviennent. Si branler au bureau était synonyme de « se faire chier », cela se saurait rapidement et il y aurait de fait beaucoup moins de branleurs !

Regardez autour de vous et soyez honnête : c'est un fait, les branleurs ne s'ennuient pas.

Pour organiser sa nouvelle activité, le branleur dispose de tout le matériel adéquat, merci l'entreprise : du papier, des crayons, une gomme, une agrafeuse, un ordinateur, une connexion Internet, un téléphone, des collègues... Bref, absolument tout pour donner à voir une activité débordante et débordée. Il n'a désormais plus qu'à réorienter son activité sans l'aide des ressources humaines.

L'activité étant définie de façon autonome, il n'y a alors aucune limite pour s'attribuer chaque jour des missions palpitantes, peaufiner ses passions, découvrir de nouveaux horizons : de la pêche à la carpe jusqu'aux mille et une façons d'accommoder au mieux un steak tartare, en passant par une étude comparative de haut vol sur les prix des canapés de salon...

Il convient cependant de ne pas commettre les erreurs ballotes du débutant, c'est-à-dire, à titre d'exemple, de ne pas faire se chevaucher deux inactivités. Ainsi, il est important que cette fringale de découvertes excitantes ne vienne pas sottement faire oublier de grands classiques qui ont fait leur preuve, comme consulter Boursorama, son horoscope, la météo et Mappy pour déterminer le plus long trajet possible pour se rendre à un rendez-vous.

Existe-t-il un look branleur ?

La réponse est oui. Dans le milieu de la haute branle, il en est de même que dans le milieu de la haute finance : l'habit fait le moine. Le branleur a ses propres codes vestimentaires. Pour commencer par le plus simple, jamais au grand jamais vous ne trouverez de montre à son poignet ; cela fait belle lurette qu'il a revendu ou bradé toutes celles que ses amis, ses proches, ses collaborateurs se sont obstinés à lui offrir. Ne croyez pas pour autant que le branleur ait une horloge interne particulièrement développée ou soit à même d'évaluer l'heure qu'il est d'après l'emplacement du soleil, pas du tout. S'il se vante depuis longtemps de ne pas disposer d'engin ressemblant de près ou de loin à un compteur de temps (montre, horloge, réveil, cadran solaire...), c'est tout simplement que cela lui est fort utile au minimum une fois par an, pour lui permettre de fêter dignement le passage à l'heure d'été... en explosant alors ses records de retard.

Sans objet inutile encombrant son poignet, le branleur adopte un style plutôt cool et ample, afin, de « branler confortable » ; large veste, large pantalon surplombant des chaussures-chaussons douillettes sont d'usage. Il tend à privilégier néanmoins des vêtements à poches multiples, et, si ce n'était votre collègue de travail, vous pourriez assez facilement penser avoir affaire à un digne membre d'un club de randonneurs, paumé dans votre bureau suite à une panne de GPS. Veste, parka, pantalon, les fringues du branleur pro sont munies de nombreuses poches (même très nombreuses, selon le modèle « Je m'habille branleur » – voir dessins ci-après) de différentes formes et dimensions, ventrales, sur la poitrine, dorsales, externes ou internes, ce qui permet au branleur organisé d'emporter de manière plus ou moins ordonnée une multitude d'accessoires inutiles pour le travail, donc incontestablement indispensables : iPod, baladeur CD, doudou, roman, appareil photo, barre d'Ovomaltine, pomme, sandwich, etc.

JE M'HABILLE BRANLEUR

Collection automne-hiver.

Kit de survie en entreprise :

1. Veste reporter multipoche (le flingue n'est pas nécessaire... quoique[1]...)
2. Pantalon multipoche, idéal pour : roman, essais, etc.
3. Parka multipoche, idéal pour le stockage de nourriture.
4. Chaussures-chaussons alliant discrétion, esthétisme et confort.

1. Lire *Travailler avec des cons*, Éditions J'ai lu.

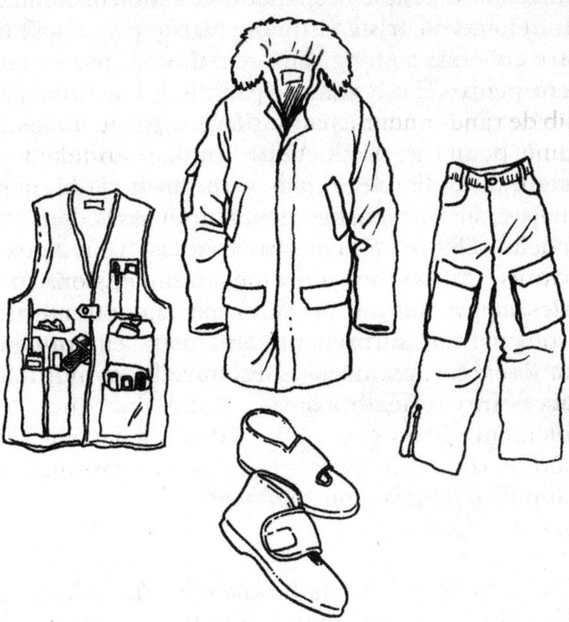

2

Typologies des branleurs

Ces différentes remarques nous amènent à conclure qu'il existe une vraie belle variété de branleurs. Pour faire simple, aux deux extrémités de la branlerie en entreprise, nous trouvons le branleur honteux et le branleur épanoui. Le branleur honteux est un branleur triste et timoré ; triste parce qu'il n'a pas fait son coming out, et timoré parce qu'il n'assume pas. Le branleur épanoui, lui, assume parfaitement sa branlerie et ne s'émeut pas le moins du monde de sa non-productivité. Enfin, se baladant sur cet axe de la glande, le plus surprenant : le branleur activiste, un être engagé depuis tout petit dans une sorte de 1789 continu et sans concessions... Nous le verrons, il est psychologiquement très complexe, mais pourtant pas autant que le branleur contrarié, une autre race fort surprenante tant pour les branleurs que pour les travailleuses et travailleurs d'Arlette, mais nous y reviendrons.

Le branleur honteux, ou comment faire son branling out

Le pire fléau pour le branleur est la culpabilité. « La culpabilisation, nous confiait un branleur sincère, ça ruine le métier ! »

Ne rien branler au travail doit être un vrai plaisir, sinon cela ne sert fichtrement à rien. Il n'y a rien de plus triste et déprimant qu'un branleur souffreteux. Un branleur terrifié à l'idée de se faire surprendre, c'est juste horrible. Il existe plusieurs possibilités pour passer cette étape assez courante. Bien sûr, se faire aider par un spécialiste peut être une piste ; aller voir son psychiatre pour lui dire : « Docteur, je ne branle rien au bureau, je n'en peux plus, je n'y arrive pas » devrait vous coûter un peu cher, mais votre inénarrable problématique, berceau de la psychanalyse selon Freud, devrait enchanter les écoles de pensée les plus connes et les plus diverses. Votre psychanalyste de race lacanienne vous révélera que la culpabilité est l'expression du manque, le « signifiant » de la finitude. Et vous vous démerderez avec ça en essayant de boucler votre fin de mois avec ce qu'il vous a laissé. L'adepte d'Adler liera votre culpabilité au sentiment d'infériorité qui nous habite tous, et au désir de toute-puissance compensatoire, et bla-bla-bla. Un fan de Jung vous parlera de culpabilité de vous-même vis-à-vis de vous-même, du refus de vous accepter. Quelle que soit l'école de votre praticien, financièrement cela ne devrait pas trop vous booster ; son problème avec lui-même est de toute façon beaucoup plus important que le vôtre. Certes, c'est sans aucune garantie de résultat, mais au moins vous aurez vu, de vos yeux vu, que de vrais branleurs épanouis singeant à qui mieux mieux un vrai travail et se prenant pour des lumières, ça existe. Et au bout du bout, pour choisir définitivement son camp, le honteux devra se rappeler l'une des seules phrases limpides qu'ait réussi à prononcer un jour Lacan : « Ce n'est pas le mal mais le bien qui engendre la culpabilité. » Tout est dit !

Souvent le branleur timoré va « taquiner la branle », « flirter avec la branlerie » sans jamais oser franchir le pas. Un peu lâche devant l'inaction, il se contente généralement d'une activité plus ou moins liée à son activité première, ce qui lui donne l'air de ne pas y toucher. Pour vous donner un exemple, c'est comme si un courtier en Bourse estimait glandouiller en surfant sur Boursorama... c'est nul, c'est de la branle à 50 cents d'euros, du menu fretin, c'est parfaitement pitoyable et indigne... c'est d'un ridicule affligeant ! Prenons maintenant ensemble, lectrice ou lecteur, le temps de pouffer !

Ne rien branler et ne pas l'assumer, honnêtement, tous les vrais branleurs vous le diront : « Tant qu'à faire, autant travailler », quitte, il est vrai, à s'exposer à une humiliation collégiale douloureuse (qu'ont d'ailleurs subie avant eux les pires des mafieux) : le statut honteux de branleur repenti.

Heureusement, rien n'est jamais définitivement perdu, le hasard d'une rencontre peut parfois changer le destin de ces branleurs balbutiants et égarés. Souvent, d'ailleurs, la rencontre avec un branleur épanoui est, pour celui qui erre dans le doute, un véritable électrochoc. En effet, être confronté au détour d'une conversation à un individu capable de vous citer le nombre exact de jours qu'il lui reste à travailler et le temps qu'il a passé à dormir depuis sa naissance est un vrai choc. Mais cette rencontre avec ce genre de grand modeste qui mériterait le prix Abel de mathématiques permet de découvrir l'aspect ludique de la glande – le must et le plus hype au moment où j'écris étant de calculer en temps réel et en fonction de son salaire le prix payé à ne rien faire[1]... de quoi redonner du courage. De bien beaux challenges en perspective.

Le branleur épanoui

La « culpabilité » est un mot dont il ignore à la fois le sens et l'orthographe, au même titre que le terme « travail »... Pour faire simple, et il vous le dirait lui-même : il n'en a rien à branler. Ce glandeur moderne s'inscrit dans une logique bien capitalistique du *just in time*, c'est vous dire s'il est de bonne volonté. Il travaille simplement pour ce qu'il estime être payé, c'est-à-dire pas grand-chose. Il est de fait pleinement satisfait de son salaire mensuel qui, comme nous l'avons souligné, couvre assez largement ses deux heures œuvrées par semaine. De fait, ce branleur qui s'est mis en réserve de l'entreprise est très disponible pour les autres.

Autodétaché des basses tâches quotidiennes qui incombent à sa fonction première, il peut alors vaquer à ses occupations ludiques multiples, et surtout s'attacher à détendre cette atmosphère épouvantablement besogneuse et pesante qui règne sur ses pauvres collègues encore astreints à des rites limite préhistoriques. Avant-gardiste facétieux du postcapitalisme, véritable boute-en-train et amuseur public des ambiances plombées depuis des lustres par des mots sinistres comme « objectifs » ou « résultats », il égaye ainsi l'atmosphère et déride les plus stakhanovistes.

Le branleur épanoui n'est pas non plus un égoïste, bien au contraire ; ainsi, il n'est pas le dernier à par-

1. Pour ce calcul audacieux, direction faineant.com, ou « iglande », puis c'est comme iTunes, mais là c'est iThunes.

tager une vidéo super rigolote de chez rigolote qu'il a dénichée sur Internet. Il arrose sans complexes de ses plus belles découvertes les e-mails de ses collègues comme on distribuerait du bonheur sans aucune contrepartie : c'est simple, c'est facile, c'est cadeau ! Par cet altruisme débordant, il fait ainsi le bonheur quotidien des grands, puisque les petits, eux, sont occupés à glandouiller à l'école ! Et lorsqu'un travailleur récalcitrant, choqué par tant d'outrecuidance et d'irrespect face au Cac 40, lui fait remarquer sèchement ses écarts par un e-mail peu amène du genre : « T'as vraiment que ça à foutre ? », la réponse du branleur moderne ne se fait pas attendre ; elle est claire, décomplexée, sans ambages, c'est une très belle réponse qui montre que son allant n'est pas atteint : « Oui ! Tiens, d'ailleurs j'en ai trouvé une autre, je te l'envoie. »

Voilà bien là l'image réjouissante d'un branleur heureux et triomphant. C'est un branleur qui s'assume pleinement et, entre nous, bravo ! Des gens qui s'éclatent au travail et qui le clament, ça fait chaud au cœur. Admettons que cette appétence désintéressée à maintenir ce bon état d'esprit en entreprise mérite quelques privilèges, dont celui de ne rien foutre.

Et si ça ne suffit encore pas, si le récalcitrant à ce bel esprit de Noël multisaison proteste à nouveau, notre compère utilise son arme fétiche, sa blague favorite, qu'il envoie à l'indélicat empêcheur de glander tranquille…

Prenez votre respiration, lectrice, respirez, lecteur, attention, vous risquez fort de vous surprendre à vouloir vous aussi l'envoyer à quelques cibles, alors, avant d'aborder la page suivante, calmez-vous !

Objet : Je suis fatigué

Pendant des années, j'ai mis cette fatigue sur le compte du manque de vitamines, de la pollution, du cholestérol, de la morosité ambiante, du bruit fait par ces cons de voisins, des embarras gastriques chroniques, de Ben Laden, des dernières élections, enfin toutes sortes de choses qui vous font vous demander si la vie vaut vraiment la peine d'être vécue. Et, tu me croiras si tu veux, j'ai fini par réaliser qu'il n'en était rien. Je suis fatigué juste parce que je travaille trop.

Sais-tu que la France compte 60 millions et des brouettes d'habitants, parmi lesquels 23 millions sont des fainéants de retraités, ce qui laisse 37 millions de cons-citoyens pour faire le travail ? Si l'on retire encore 17 millions d'étudiants et écoliers qui bayent aux corneilles et pigent que dalle, plus de 4,8 millions de chômeurs (tout compris) qui jouent à cache-cache avec l'emploi, plus de 9,4 millions de fonctionnaires ou assimilés avant le grand nettoyage, 525 000 Corses, il ne reste que 5,275 millions de clampins pour bosser. Et encore, je suis large, parce qu'en soustrayant les 435 400 militaires, les 4 145 820 immigrés, les 437 690 personnes hospitalisées et les 256 088 taulards, eh bien, si tu comptes bien, il ne reste que 2 pauvres cons pour faire le boulot : toi et moi.

Et toi, tu glandes là assis sur ton cul à lire ces conneries...

Alors tu noteras que c'est pas étonnant que je sois surmené[1].

Et si l'indélicat, non convaincu par ces mathématiques implacables, fait encore mine de la ramener, alors notre branleur déchaîné utilisera son joker pour le finir dans cet ultime *fight* : le message du faux virus, en l'envoyant bien sûr d'une fausse adresse, histoire de se mettre en copie et de jouer les paniqués. Cela lui permettra de ne plus toucher à son ordinateur pour la bonne cause et la sauvegarde de l'entreprise :

Un virus incroyablement plus dévastateur que tous les autres circule désormais sur le réseau. ATTENTION !!! Ce virus est facilement reconnaissable, il se nomme « Travail ». Si vous recevez n'importe quelle espèce de « Travail », que ce soit par e-mail, Internet ou tout simplement par le biais d'un de vos collègues... SURTOUT NE L'OUVREZ PAS !!!

Sa propagation sournoise est tout simplement phénoménale ; certains affirment l'avoir directement reçu par courrier normal, d'autres par voie orale. C'est époustouflant, et à ce jour aucune société n'est parvenue à le détruire. « Travail » se propage à une vitesse folle. Déjà quelques variantes du virus ont été détectées sous la forme « Job », « Heures sup », « Boulot », « Labeur », « Taf », « Business » et contournent tous les systèmes de sécurité. NE VOUS LAISSEZ PAS PIÉGER ! Il semblerait que des agents de propagation

1. Source : *Internet at large*, revisité par TD.

soient identifiés sous la forme « Patron », « Chef », « Boss ».

Si vous rencontrez « Travail » par e-mail ou bien sous toute autre forme, refusez-le immédiatement ! En utilisant le bouton « suppr » ou « delete », calfeutrez-vous dans votre bureau, éteignez les lumières et bloquez immédiatement l'adresse de l'émetteur. Ceux qui se sont fait piéger ont vu leur vie familiale, professionnelle et extraconjugale terriblement perturbée. Si par malheur vous êtes déjà infecté, ne paniquez pas ! Gardez votre calme, procédez avec méthode : il existe des antivirus apparemment efficaces qui se nomment « Congé.vir », « Maladie.vir », « Absence.vir », « Dodo.vir », « RTT.vir » et quelques autres.

Un passage par une zone de désinfection peut accélérer la guérison ; des zones adaptées ont été mises en place récemment sur les lieux de travail, elles sont facilement reconnaissables sous les sigles « Machine à café », « Distributeur de boissons ». Dans les cas les plus graves, la « RTT » (Remets Tes Tongs) est une parade qui, si elle est utilisable, peut soulager un court instant. Mais attention néanmoins à la surcharge qu'elle peut entraîner ensuite.

Envoyez ce message à tous vos amis et évitez-leur une terrible infection. D'avance merci, et bonnes vacances ! Si vous n'avez personne dans votre carnet d'adresses, j'ai peur que le virus « Travail » ait déjà infecté votre vie.

NB : Ce virus ne touche pas les professeurs et enseignants, ni les agents RATP et SNCF, largement immunisés par les puissants agents

« Vacances » et « Semaine light », ainsi que « Grève », « Arrêt de travail » et « RTT »[1].

Le branleur activiste (ou branleur protégé)

Alors lui, c'est le top du top, la crème de la crème, une vraie Rolls-Royce cabriolet, le roi de la glande au bureau, investi dans les actions syndicalistes les plus torrides, crachant sur le système, éructant contre l'exploitation de ses pairs, beuglant contre le capital (cette vacherie), courant de réunion en réunion pour chasser du patron, sautillant de meeting en meeting, c'est ce que je nomme un « révolutionnaire motivé ». Preuve s'il en est de cette vocation rebelle indéfectible : pour porter son combat, ce révolutionnaire n'a pas hésité à s'infiltrer dans les endroits les plus improbables. La Poste ? La RATP ? La SNCF ? Ben non, tout faux ; contrairement à la légende, les plus aguerris à ce petit jeu ne sévissent pas invariablement dans la fonction publique comme certains petits jaloux essayent de le faire croire. Attention, c'est d'abord et avant tout un travailleur comme les autres ! Et il a raison, dans « travailleur », il y a « eur » – c'est curieux, si vous y prêtez attention, c'est exactement le même « eur » que branleur ! Mais si cette similarité phonétique donne une piste, cela ne prouve pas grand-chose.

Vous devez savoir que « syndicaliste », c'est avant tout une couverture de survie face à la connerie de son entreprise ! Une sorte de camouflage visible. Ce dernier lui permet de faire tralalère au patronat sans

1. *Internet at large*, revisité par TD.

risque, alors que si cela vous prend, vous irez faire vos tralalères à l'ANPE ! Il glandouille donc également dans des lieux privés, arborant fièrement le statut fort envié par le branleur de base : le statut de branleur protégé et défendant d'autres branleurs exsangues, fourbus et parfois un peu craintifs pour passer au non-acte ! Le must étant bien sûr pour certains de s'offrir le luxe extrême de glander chez les glandeurs – j'en connais, c'est remarquable, ils ne pérorent pas pour autant, et ça, c'est beau !

Comme vous ne réalisez pas bien encore et que vous ne le vivez pas pleinement de l'intérieur, pour mieux le ressentir, relisez à haute voix : « Glander chez les glandeurs ». Fermez les yeux. Prononcez la phrase une seconde fois en savourant les syllabes comme un mille-feuille. Voilà, vous êtes prêt : courez vous syndiquer ! Reprenez le flambeau.

Pour avancer pour chacun d'entre nous l'âge de la retraite à la date de notre entrée en fonction chez l'exploitant[1].

Le branleur contrarié

Nous abordons ici, chers amis, un cas très surprenant qui laisse dans une incommensurable perplexité les plus grands spécialistes tant de la branle que du travail. Ne se rangeant ni franchement dans un camp ni farouchement dans l'autre, chacun se rejette ce renégat.

---

1. Si vous êtes syndicaliste – comme je ne tiens pas non plus à me prendre un mauvais coup par cette approche un peu caricaturale –, je ne parle pas de vous, bien sûr ; je le précise, je parle évidemment des autres de l'autre syndicat, qui sont quand même de sacrés tire-au-flanc ! Mais ça, vous l'aurez compris !

Le camp des branleurs : — Il est à vous ?

Les camps des travailleurs : — Ah ça non, sûrement pas, c'est le vôtre !

Le camp des branleurs : — Pas du tout ! Prenez-le !

Les camps des travailleurs : — Nan, nan, on n'en veut pas !

Le camp des branleurs : — Prenez-le, qu'on vous dit !

Les camps des travailleurs : — Désolés, pas de ça chez nous !

Le camp des branleurs : — Allez, s'il vous plaît !

Le camp des travailleurs : — Non !

Branleur contrarié : — Alors, qu'est-ce que je fais ?

Le camp des branleurs : — Ta gueule !

Le camp des travailleurs : — Pas mieux !

Cet individu, personne ne veut l'adopter, c'est un mal-aimé ! D'un côté, le branleur contrarié est sur tous les projets les plus fumeux et les plus branlants, construisant ici et là des usines à gaz aussi fumeuses qu'inutiles, mais marrantes quand même pour l'observateur, et il a un agenda qui, sur de nombreux points, ressemble à celui d'un vrai branleur. Mais, chose surprenante et assez incompréhensible, tandis que le branleur observerait son chef-d'œuvre d'inutilité en se bidonnant largement, le branleur contrarié, lui, il y croit et s'y adonne à fond !

C'est un « branleur » participant, actif, investi, enthousiaste et complètement inconscient de sa condition surréaliste et atypique de *branleur travailleur*.

Comme c'est un branleur qui s'épuise... il est, de fait, une honte terrible pour le clan des branleurs mais, d'un autre côté, comme il s'épuise pour rien, du coup c'est aussi une très grande honte sur pattes dans le camp des travailleurs. Spécialisé dans les avant-projets, ou même les avant-avant-projets d'avant, il y œuvre avec bon cœur et se retrouve naturellement au beau milieu des pires sarcasmes, pris à partie par les uns comme par les autres : le camp des branleurs le traite sans vergogne de faux-cul, le camp des travailleurs, de gros branleur !

Le branleur travailleur est ainsi un éternel incompris, c'est une condition très triste qui fait beaucoup de peine !

Le branleur bosseur

Le lecteur s'émeut, je le sens, de l'oxymore poussif : un branleur bosseur, mais qu'est-ce que c'est que ce machin ? Aussi invraisemblable que cela puisse paraître, eh bien ça existe aussi. Ce branleur, d'une sous-race marginale et amusante, use de sa position hiérarchique pour faire bosser les autres en s'appuyant sur ses deux bras cassés sans sembler se faire mal pour autant, tente de récupérer le travail d'autrui pour grandir sa petitesse, et s'assoit sur la morale en pensant vraisemblablement que cela le protégera toute sa vie des coups de pied dans le cul... Qu'est-ce que vous voulez que je vous dise ? Ce sont des branleurs ratés. Et même, branleurs, pour ces derniers, j'aurais tendance à penser que c'est vraiment un trop beau compliment ! Passons vite...

Branleur à tous les niveaux ?

Voilà une question fort pertinente. Au-delà de cette première approche nous permettant de mieux cerner ce phénomène, la question qui nous turlupine tous est triple : le branleur sévit-il à tous les niveaux de la hiérarchie, dans tous les types d'entreprise et dans tous les types de métier ?

Au risque de décevoir beaucoup d'entre vous, je dois immédiatement reconnaître et vous informer que la branlerie n'est pas à la portée de toutes les activités. Il y a des terrains plus ou moins propices à l'exercice confortable de cet art. La culture du néant ne peut pas prendre partout. Il est simple de comprendre, par exemple, qu'être pilote de formule 1 et branleur pourrait s'avérer indéniablement tout à fait dangereux et irresponsable. Mais nous prenons là un cas extrême, même si nous disposons de quelques noms dans les écuries françaises ayant longuement fréquenté les bacs à sable (généralement dans le premier ou le deuxième tour), ce qui laisse entrevoir que, malgré le risque encouru, le vrai glandeur est vraiment un être prêt à tout. Le vrai branleur, qu'on se le dise, a une étoffe de champion.

Plus proche de notre quotidien citadin : si nous nous penchons sur le cas du grutier ou de la grutière qui sévit dans le bâtiment, ce n'est pas non plus terriblement propice à la glande. De prime abord, nous envions cet homme qui, chaque matin, marche après marche, prend de la hauteur en grimpant vers le ciel. L'envier, c'est humain ! Son éloignement de la terre pourrait laisser supposer un terrain tout à fait intéressant pour une glande au plus près des étoiles.

Malheureusement, les terriens (ceux restés à terre), véritables petites fourmis laborieuses et excitées, n'ont de cesse de le solliciter : et pour lever ceci, poser cela, déplacer ceci, replacer cela, et en plus le pauvre grutier doit tout faire sans écrabouiller personne ! Bref, grutier est un métier que je déconseille formellement (je peux vous le dire avec certitude, puisque j'ai glandé une bonne semaine à observer les péripéties de la vie du grutier dans son activité)... c'est épuisant.

Pour dire les choses comme elles sont, les métiers manuels ou dans le BTP ne sont pas les plus adéquats pour ne rien branler de la journée. Parce qu'un clou ne se plante pas sans l'action du marteau, c'est là le piège ! Les bureaux sont des lieux bien plus propices à la branle, c'est plus fonctionnel (ne me faites pas dire ce que je n'ai pas dit, je n'ai pas écrit « c'est plus fonctionnaire »).

Cependant, le branleur sévit à presque tous les postes. Son activité de branlerie est juste un peu différente, le branleur s'adaptant à son environnement. Tout le monde comprendra aisément qu'exercer son talent de glandouille sur un plateau paysager (qui n'a de paysage que la gueule de ses collègues) est un peu plus complexe et osé que bien planqué au dernier étage d'une tour, enfermé dans un bureau feutré sur la porte duquel est inscrit en lettre d'or : « Georges Trucmuche, P.-D.G. WORLWIDE ».

Le P.-D.G. WORLWIDE peut très bien ne pas en ramer une de la journée, il y a très peu de chance qu'une secrétaire courroucée, insupportée par sa désinvolture, vienne lui taper sur l'épaule en lui disant : « Oh là, mon coco, mais ça va pas du tout, ça, qu'est-ce que vous branlez ? » À moins que sa secrétaire ne soit sa maîtresse, mais bon, là on change carrément d'histoire. Bref, un P.-D.G., un directeur, un président peuvent bien sûr ne rien branler – et bien souvent ils sont finalement attachés à la surveillance rapprochée des branleurs. La hiérarchie a développé ainsi une activité à temps plein qu'elle a alors habilement rebaptisée « travail », et le tour de passe-passe (envié par les plus grands prestidigitateurs de Las Vegas) de ces branleurs de la haute, c'est que tout le monde y croit !

Récapitulons : un directeur, président, P.-D.G. qui a beaucoup de boulot veut ainsi vous faire comprendre à demi-mot qu'il a surtout une sacrée bande de branleurs à surveiller, comme nous le montre l'histoire suivante.

Il était une fois Jean Président, le talentueux président d'une entreprise informatique de renom qui nourrissait des doutes sur l'efficacité d'un de ses programmeurs, le bien nommé Jean-Claude Branleur. Il demande donc au directeur en charge de son département de lui écrire un court mémo à son sujet décrivant l'employé et le travail qu'il fait pour l'entreprise.

À : Jean Président
De : Pierre Directeur

Jean-Claude Branleur, mon assistant programmeur, est toujours en train de

travailler à son bureau avec assiduité, diligence, enthousiasme, sans jamais

perdre son temps en jasant et blaguant avec
ses collègues. Jamais il ne

refuse de passer du temps pour aider les
autres et malgré cela, il

termine ses projets à temps. Très souvent,
Jean-Claude rallonge ses

heures pour terminer son travail, parfois
même en sautant les

pauses-café. Jean-Claude Branleur est une
personne qui n'a absolument aucune

vanité malgré ses accomplissements tout à
fait remarquables et remarqués et sa grande

compétence en informatique. C'est le genre
d'employé de qui on

parle avec grande estime et respect, le
genre de personne dont on ne

peut se passer. Je crois fermement que Jean-
Claude est prêt pour la

promotion qu'il demande, et doit être récom-
pensé en considérant tout ce qu'il nous ap-

porte. L'entreprise en sortira grande
gagnante.

Le président reçut une petite heure plus tard un autre mémo :

À : Jean Président
De : Pierre Directeur

Jean, quand j'ai écrit mon dernier mémo sur ce glandeur de Jean-Claude Branleur, cet imbécile, qui n'avait comme d'habitude rien d'autre à foutre, lisait par-dessus mon épaule. STP, lis seulement les paragraphes impairs.

Merci de ta compréhension

Amicalement[1].

Vous voyez, être P.-D.G., ce n'est quand même pas de tout repos, il y a toujours un branleur pour vous interrompre au milieu de votre sieste !

1. Source : *Internet at large*, revisité par TD.

– Alerte 1[1] –

Attention, vingt-cinq minutes dans les toilettes, vos collègues vont commencer à trouver ça louche ! Arrêter de lire ! Vous devez bouger ! « Bouge, bouge, bouge », comme ils disent dans le film ; en vrai il disent : « Go, go, go » et se mettent à courir comme des dératés sous les balles, mais on s'en fout. Bref, lorsque vous arriverez à portée de vue de vos collaborateurs, accélérez le pas, prenez un air décidé et articulez avec une virulence maîtrisée :

« Les gens du cinquième, décidément, ne comprennent rien à rien ! »

Attention, cette phrase inutile, qui mime une activité débordante, doit être suivie d'un effondrement abattu, mais pas trop dans votre fauteuil.

Dernières recommandations :

- Adaptez la phrase en fonction du nombre d'étages de votre entreprise.
- Ne laissez pas bêtement choir le livre !

1. Ces alertes, revenant tout au long de l'ouvrage, concernent la lectrice ou le lecteur qui, optimisant leur formation, lisent le livre, comme je l'ai conseillé, sur leur lieu de travail.

3

Aller au bureau, un moment douloureux

La distance qui sépare le branleur de son bureau s'accroît curieusement au fil de la semaine, à croire que l'entreprise recule, ou que la dérive des continents sévit jusqu'au cœur des villes de France. Pour le branleur, retarder le moment de son arrivée au bureau est un challenge au quotidien. Sitôt levé, à peu près une minute avant sa prise effective de poste (parce qu'à une minute il est encore large), pleinement surpris que la téléportation ne soit pas encore une technologie opérationnelle et en service, la question existentielle du branleur sartrien plongeant son croissant dans son café chaud se résume à : « Qu'est-ce que je vais bien pouvoir branler aujourd'hui ? »

Mais l'expert branleur raisonne à un tout autre niveau : rien, oui, mais rien comment ? Vous le constatez par vous-même, ne rien branler est un vrai job alternatif. Nous verrons également que le vrai branleur a néanmoins un certain nombre de rituels bien rodés qui lui permettent quand même d'avoir une idée assez nette de la façon dont sa journée va s'écouler sans incident majeur.

Sitôt levé, donc, le premier objectif du branleur est d'arriver le plus en retard possible au bureau. Doué en statistiques, mathématicien chevronné de l'excuse bidon, expert en probabilités et en tri croisé, le branleur répartira habilement (et non sans talent) ses excuses. Tout branleur digne de ce nom ne cumulera pas dans une même semaine deux pannes de réveil, deux enterrements ni deux rougeoles. En effet, arriver par deux fois et pour la même raison en retard au café du matin pourrait soulever des questionnements et faire naître la suspicion chez ses collègues.

« Ben t'étais où, hier ?
— M'en parle pas, on enterrait ma tante Denise.
— Mais tu ne l'avais pas déjà enterrée lundi ?
— Non.
— Ah si !
— Non.
— Tu me l'as dit !
— Non, lundi, j'étais atterré par la mort de ma tante Denise, hier, on a enterré tante Denise, nuance ! »

Même avec un air détaché et au forceps, nous observons que ça ne passe pas super bien et que c'est un peu laborieux d'enterrer et Denise et l'affaire !

En règle générale, le branleur privilégiera d'ailleurs des événements extérieurs crédibles, renvoyant la RATP, la SNCF et tout le toutim à la fiabilité des diligences du Far West. Puis il utilisera différentes variantes : accident de tramway, de bicyclette, crevaison du car, suicide en groupe sous le RER, chien tombé sur sa terrasse, malaise d'un passant ; au final, il n'y a peut-être que les jours de grève où, parfaitement surpris et pris au dépourvu que le destin viennent ainsi lui prêter main-forte, le branleur risque d'arriver presque à l'heure.

Que les choses soient claires avec notre homme (ou notre femme – on parlera alors de branleuse), si les Indiens pouvaient attaquer sa ligne de métro, c'est sûr qu'il serait pris en otage et attaché au poteau. Mais, me direz-vous, *quid* du branleur motorisé ? C'est encore plus simple, il choisira habilement de partir aux heures de pointe, ce qui lui permettra en outre, sitôt arrivé au bureau, de gémir à loisir sur les difficultés inhérentes à la vie loin du centre-ville – « C'est l'enfer, cette circulation ! ».

Les branleurs les plus osés, pour se donner un genre ou pour contrer des réactions peu amènes sur leurs horaires variables, n'hésitent pas à annoncer qu'il vont désormais venir en trottinette, dégoûtés par la voiture qui nécessite chaque année, si on les compte bien, huit à dix contrôles techniques conjugués à une bonne vingtaine de pannes... Par ce subterfuge, les non-branleurs sont rassurés, parce qu'ils ne savent pas que les guidons de trottinette, ben ça disparaît aussi !

« Tu es encore en retard ?!!

— Désolé, vieux, on a volé le guidon de ma trottinette ! »

4
Occuper inutilement son quotidien

Le café et la clope (gratter une à deux heures par jour)

Tous les branleurs et autres foutriquets ne sont pas des syndicalistes, soyons raisonnables et intellectuellement honnêtes ; il n'y a pas non plus que des professionnels, il y a aussi des amateurs, plus modestes mais très avertis. Une fois au bureau, le branleur le sait, la journée va être longue et palpitante, le « ne rien branler efficace » n'est pas affaire d'improvisation.

Bien que cela puisse sembler paradoxal, on ne se lance pas dans la glande les mains dans les poches. En effet, comment dès lors tiendrait-on son café ? Café du matin à 9 heures, 10 heures, 11 heures, 12 heures, 14 heures, 15 heures, 16 heures – vous noterez qu'à 17 heures le branleur n'est plus là. Comptez dix minutes au minimum par café, et vous êtes à une heure et dix minutes de grattées. Le branleur est de toutes les pauses-café ; l'œil aux aguets, il est à l'affût des wagons de salariés prenant la direction de la sainte machine comme le suicidé averti et méticuleux guette le TGV. Notons également sa grande serviabilité : il est toujours le premier à se proposer lorsque c'est nécessaire pour « aller faire la monnaie » au tabac du coin... Parfois même les branleurs se convertissent au thé pour des raisons diurétiques qu'il est inutile d'expliquer. Souvenons-nous simplement que, selon la théorie des branleurs, tout liquide plongé dans un corps doit impérativement en ressortir. Il convient ainsi d'ajouter quelques retours intempestifs aux toilettes d'une durée variable selon les rencontres faites. Le branleur aguerri évitant naturellement de tomber dans le piège des opérations groupées pause-café plus toilettes, était-il seulement utile de le préciser ?...

Si hier il n'était pas fumeur puisqu'il n'y trouvait pas grand intérêt « technique », la donne a changé : le branleur de qualité s'est mis à la cigarette comme d'autres se mettent au jogging. Si une opportunité de glander se présente, le branleur est au rendez-vous. L'interdiction de fumer dans l'établissement est en la matière une véritable bénédiction. À raison de vingt cigarettes par jour, comptez par vous-même. Les plus radicaux opteront d'ailleurs pour le concept de « café ou clope » afin de faire un cumul de pauses. Ne pas mélanger les plaisirs est la garantie d'un nombre de pauses augmenté !

Les réunions

Il paraît que les entreprises ont la réunionite aiguë, et que tout le monde se réunit pour un oui ou pour un non. Le branleur, avec ce bon état d'esprit qu'on aime chez lui de « toujours plus fort le travail, c'est la mort », lui, se réunit pour un oui *et* pour un non. C'est un véritable coureur de fond de la réunion. Si d'autres activités plus ludiques ne le retiennent pas, il est sur tous les coups, avec néanmoins une petite préférence pour les réunions de réflexion, des réunions où, en groupe, on réfléchit à des trucs, à des machins, histoire de faire avancer le grand bidule. Le branleur, lui, pense surtout à faire avancer la montre qu'il n'a pas. À cela, il adjoint trois règles impératives :

1) Avoir toujours une question sous le coude si elle est en mesure de mener doucement jusqu'à la pause-déjeuner.
2) Éviter les réunions l'après-midi, qui peuvent malencontreusement dépasser ses espoirs et lui faire louper *Questions pour un champion.*
3) Ne jamais omettre en partant de fixer une autre date de réunion.

Ne vous étonnez pas de voir le branleur dans des réunions, qui ne le concerne aucunement, puisque c'est là qu'il donne toute la belle mesure de sa branlerie.

Les réunions avec soi tout seul

Si son bureau est souvent fermé, c'est que le branleur, croyez-moi, a fort à faire avec lui-même. Dans un monde qui va vite, très vite, si vite, la préparation des vacances ne se fait pas toute seule, la météo du week-end ne lui tombe pas toute crue sur un prompteur et, soucieux de ne pas heurter les sensibilités, il convient facilement que l'entretien de sa libido par des surfs intempestifs sur des sites X pourrait ne pas convenir à tout le monde. S'il respecte les autres avec autant de délicatesse, comprenez qu'il est bien naturel et urbain de respecter aussi son intimité. Après, il y a aussi les e-mails perso qui ne se font pas tout seuls. Et divers coups de fil d'importance hautement stratégique pour sa vie familiale – tante, oncle, femme, grand-mère, enfants... Alors, est-ce trop vous demander que d'être un peu respectueux de sa vie privée ?

Souvent, contrairement à ce que prétendent les mauvaises langues, la journée s'est déjà écoulée sans qu'il ait eu le temps de consulter le programme télé.

Les pots de départ, les pots d'arrivée, les pots de tout

Pots de départ, pots d'arrivée, pots de n'importe quoi sont autant de moments festifs de vraie glande. À ces instants, le branleur est en communion parfaite avec sa culture autonome d'entreprise. Il est de tous les combats et ne manquerait un pot sous aucun prétexte. Son seul souci réel est lorsque, hasard du calendrier faisant, deux pots se déroulent en même temps. Le télescopage de pots, comme il le dit lui-même, c'est rageant, une vraie galère, et il peut s'insurger à juste titre d'une telle aberration organisationnelle.

Les disparitions

Le branleur est sujet à des disparitions fréquentes et a une grande spécialité : l'autokidnapping ; il disparaît ainsi plusieurs fois par jour sans que le candide sache trop pourquoi – rassurons-nous, rien à voir avec une quelconque opération mesquine des Farc, et ce n'est pas non plus l'ami Ben Laden... Non, non, ces moments d'absence sont souvent liés à une activité souterraine intense. Véritable troglodyte, il est rare que dans une journée un document indispensable à sa non-activité ne soit pas enfoui dans les tréfonds de l'organisation : les archives. Mais ses disparitions sont également liées à des rencontres parfaitement inopinées alors qu'il se rendait à la machine à café. L'idéal pour notre maître branleur étant incontestablement la rencontre avec un concurrent en branlerie – un challenger. Se déroulent alors de véritables et oniriques *battles* de branleurs, que ne comprennent bien sûr que les initiés :

« Ça va ?
— Ça va, ça bosse ! Et toi ?
— Je suis à fond.
— T'as raison, c'est chaud en ce moment.
— Chaud bouillant, tu veux dire !
— Tu m'enlèves le mot de la bouche. T'as vu qu'ils ont changé la moquette de l'ascenseur ?
— Tu déconnes ?
— J'te jure !
— Au bout d'un mois quand même, ils prennent leur temps. Ah, elle est belle, la vie dans le BTP !
— C'est sûr ! Un mois pour un bout de tissu, quelle bande de branleurs !
— C'est le mot ! Bon, faudra quand même que je passe voir ça quand j'aurai cinq minutes, mais là en ce moment je suis vraiment trop au taquet.
— T'es quand même au courant qu'ils l'ont prise rouge ?
— Rouge ?
— Rouge comme ton pull, mon vieux !
— Ça doit jurer à mort avec le plafonnier ! Les gens de la maintenance sont vraiment de pures brèles.
— Tu parles, Charles, entre nous, même daltonien, j'aurais pas pris rouge.
— Tu m'inquiètes, là, faut vraiment que je passe voir ça.

— Je te montre après le café. Sinon, tu es au courant pour la réunion du comité d'entreprise ?

— Y a déjà une réunion ?

— Percute, mon vieux, c'est demain !

— On bosse, on bosse, on s'agite, on court tout le temps et on ne voit pas le temps passer !

— Tu l'as dit, c'est pas une vie.

— Bon alors, attends, je la note, c'est quand ?

— Demain à 14 heures.

— Merde, j'ai pas de stylo. Tu peux m'envoyer un e-mail quand tu auras le temps, comme ça j'y penserai ?

— Pas de problème !

— Merde, j'y pense, oh, là, là, je vais arriver un peu en retard, je mange au chinois avec Robert et c'est carrément à chaille.

— Moi aussi.

— Tu manges au chinois ?

— Non, mais demain je dois récupérer ma voiture.

— Elle est toujours en panne ?

— Un jour faudra que je la change, c'est insupportable, mais bon, tu sais ce que c'est…

— C'est sûr, les caisses, y a un côté affectif.

— Ensuite je dois faire visiter la boîte à la stagiaire.

— Putain, la galère !

— Ça, c'est toujours moi qui m'y colle, et honnêtement ça me gave.

— Quoique… elle est pas mal, la stagiaire…

— Tu sais, les brunes, c'est pas trop mon truc.

— Ta femme est brune !

— T'es con !

— Et pour le comité à la con, tu connais l'ordre du jour ?

— Non.

— Moi non plus.
— Tu reprends un café ?
— Avec plaisir, ça fait du bien de prendre un peu son temps. *Take a break in the rush.*
— Tu parles anglais ?
— Je suis les formations de « machine ».
— Faudra que je m'y mette, à causer rosbif. C'est bien ?
— On se marre bien…
— Faut pas traîner non plus, faut encore aller voir ce putain d'ascenseur.
— Il est quelle heure ?
— 16 h 45.
— Non, là, vraiment, on va être trop justes.
— T'as raison, vaut mieux qu'on se fasse ça peinards demain, parce que je te jure que ça mérite le coup d'œil !
— Demain matin, alors ?
— Tope là ! On se retrouve à quelle heure ?
— Je sais pas. T'arrives vers quelle heure, toi ?
— 9 heures, 9 h 30…
— Moi pareil, et puis, je sais pas ce qu'il y a, mais ça circule super mal en ce moment.
— T'as remarqué, toi aussi ?
— On n'a qu'à se dire 9 h 30.
— 9 h 45 pour être sûrs !
— 9 h 45, ça sera parfait !
— Merde, t'as vu l'heure ?
— Putain, déjà moins cinq…
— On se bouge, sinon ensuite c'est la galère dans le parking avec tous ces cons qui feraient pas une minute d'heure sup !
— Allez, à demain !
— À demain !
— 10 heures ?
— 10 heures, c'est plus sûr !
— Bye ! »

Pour un vrai branleur, la pause-déjeuner n'a de pause que le nom. En effet, pour un branleur soucieux d'efficacité, ce n'est pas une petite coupure dans la journée, non, rien à voir ! C'est beaucoup plus large, et il faudrait de multiples points de suture, c'est limite proche de la double amputation. L'arrêt déjeuner, donc, commence pour lui dix à quinze minutes avant l'horaire prévu. Le branleur montre durant cette période sa très grande préoccupation de l'hygiène et donne une leçon magistrale et journalière à tous les grands dégoûtants : avant de manger, on se lave les mains...

Après ses longues ablutions quotidiennes, il peut enfin quitter son bureau et se diriger d'un pas raisonnable et raisonné vers le restaurant le plus éloigné de l'entreprise : celui qui rend la monnaie sur les Ticket-Restaurant, celui où l'on mange végétarien, celui qui prend son temps (*sic*), celui qui... Le facteur éloignement étant pour les pros le critère le plus important : *the* critère, qui pourra ensuite se combiner à tous les autres critères énoncés.

Après déjeuner, il ne faudra donc pas s'étonner de le voir réapparaître une bonne demi-heure après l'heure prévue, le temps que s'organisent la post-digestion et son rapatriement. Je dois vous préciser qu'une demi-heure, c'est quand il connaît une baisse de régime. Il faut naturellement intégrer que sur le chemin du retour à la mine plein de nouvelles aventures attendent notre joyeux drille : lacets défaits, feux rouges pour piétons respectés scrupuleusement... S'il pouvait se jeter sous les roues d'une voiture sans se faire trop mal, il est probable qu'il le ferait.

Pierre Joris disait : « Je parle en dormant. Au bureau, c'est gênant... » Le branleur, lui, s'en contrebalance. Moment important, incontournable, vital : la sieste de l'après-déjeuner ! Le branleur vous l'expliquera avec conviction, la sieste est un élément indispensable à son équilibre. Marin chevronné, navigateur au long cours en CDI dans le tertiaire, il pratique la microsieste tel le navigateur de quart, et il est intarissable à ce sujet. Il dispose, en la matière, de toutes les études les plus récentes. Huit heures après le réveil, entre 14 heures et 15 heures, l'organisme connaît une variation circadienne. Eh oui, bande de circardiens et de circardiennes ignorants ! Ce laps de temps se caractérise par une phase d'hypovigilance qui dure approximativement une heure. Ensuite, chacun fait comme il veut. Mais sachant que durant cette période les capacités physiques sont diminuées et que les processus mentaux de mémorisation, de concentration et de saisie de l'information sont ralentis, vous savez maintenant à quoi vous vous exposez.

A contrario, pendant que tout le monde lutte assez stupidement contre sa nature profonde et joue à la roulette russe avec sa vie, le branleur, lui, joue la carte de la sagesse. Pourquoi rivaliser avec son corps et s'exposer alors à la surfatigue et à un accident ? se demande-t-il avec raison. Pourquoi ajouter à la glande quotidienne et au coût socio-économique physiologique de la perte de productivité le risque des coûts d'accident du travail ? Le branleur ne joue pas avec les statistiques. 75 % des accidents du travail et 80 % des conflits interpersonnels et frittages en entreprise surviennent dans les deux dernières heures de labeur. Le branleur ne souhaitant s'engueuler avec personne, ni non plus tomber bêtement de sa chaise, fait ce que lui dicte sa bonne nature : il pionce sans complexes et consciencieusement.

Occupations diverses et variées du branleur moderne

La journée du branleur, vous l'avez constaté, est déjà sacrément bien remplie, et pourtant c'est sans compter toutes ses autres occupations, la plus importante restant de veiller à la bonne marche de ce petit business. Cela nécessite un investissement de tous les instants. Comme « faire le grand tour ». Faire le grand tour consiste à aller déambuler un peu partout dans l'entreprise, histoire de serrer des mains, de claquer quelques bises afin de n'être pas fâcheusement oublié lors d'un moment festif par exemple…

Le grand tour qu'il pratique régulièrement, d'une inutilité absolue pour l'entreprise, est sa façon à lui d'entretenir un capital sympathie, et si certains de ses collègues le suspectant de branlerie ont noté avec étonnement qu'il fait ce tour en utilisant l'ascenseur, c'est tout bonnement que ses collègues n'ont pas encore tout à fait saisi la dimension psychologique du sujet ; évidemment, sur le papier, faire le tour du bâtiment en prenant les escaliers prendrait beaucoup plus de temps, oui, vous dira le branleur, mais il vous fera remarquer avec justesse qu'il est rare qu'un escalier tombe en panne, CQFD.

À ses heures, il est aussi jardinier, car il sait mieux que quiconque l'importance des plantes dans une ambiance aussi stressée que la sienne ; il pourrait cultiver de la camomille, produire sa propre tisane, mais il préfère néanmoins des plantes nécessitant une attention particulière, une plante qui s'arrose tous les six mois ne présentant pour sa fonction que très peu d'intérêt. Une plante digne de ce nom doit pouvoir s'arroser au moins une fois par jour.

Enfin, il est très prévoyant : il n'est pas un jour sans qu'il ne pense à sa retraite. Aussi, dès qu'il se retrouve en manque d'inactivité, il s'inactive sur de savants calculs d'annuité, de montants compensatoires... et, bien calé dans son fauteuil tout en guettant une imperfection dans la peinture du plafond, il approfondit des notions d'existentialisme qui ont été, il est vrai, un peu bâclées par Sartre.

La question existentielle du branleur

Puis-je faire mieux que rien ? « Question existentielle » est peut-être un bien grand mot, puisque la réponse vient assez vite, qui est naturellement oui ! Pour donner suite à cette question de façon opérationnelle et aller plus avant dans la branlerie, le branleur (à la différence de nombreux collaborateurs paranoïaques) a développé l'art de la sous-traitance ; il a une confiance absolue, que dis-je, phénoménale dans l'autre, c'est-à-dire qu'il se fout surtout pleinement du résultat, ce qui permet d'avoir confiance en à peu près n'importe qui. Maître dans l'art de la délégation, il exploite, il est vrai sans grande vergogne, la vanité humaine... Car pourquoi priver de bonheur celles et ceux que le travail éclate ? De quel droit ? En altruiste, donc, et face à un dossier qui l'emmerde, il le sous-traite systématiquement à des personnes plus compétentes, ou pas d'ailleurs. À charge d'une revanche qui ne viendra bien évidemment jamais.

Parce que, comme le souligne le branleur avec à-propos et avec fermeté : « Faut quand même pas déconner, donner, c'est donner, et reprendre... plutôt crever. »

Un danger psychologique pour certains branleurs : la dépression

Même si cela peut paraître de prime abord surprenant, des branleurs qui craquent, cela arrive, et beaucoup plus souvent qu'on ne le croit. Le branleur que vous croisiez hier, sifflotant comme tout joyeux entrepreneur du rien en goguette, peut se retrouver soudainement victime de ce qui s'apparenterait à une prise de conscience de son néant : laissera-t-il, de sa vie inutile, une petite trace sur cette planète ? Pourra-t-il envisager au moins d'être béatifié ? Un rapide coup d'œil sur l'Épiphanie et c'est le choc, l'effondrement, l'horreur : il n'y a pas de sainte Glandouille !

Rassurez-vous, pour être tout à fait honnête, cela touche une catégorie particulière de branleurs : cette affection concerne plus particulièrement le branleur dit inactif... Insuffisamment préparé, sans activité de substitution, le poids de ses non-responsabilités le submerge d'un coup d'un seul, et le voilà alors qui se met à broyer du noir dans le vide, c'est épouvantable. Par un simple manque de préparation, parce qu'il n'a pas encore lu ce livre qui n'était pas encore écrit, il réussit à se convaincre benoîtement que son inactivité est en fait liée à un manque de compétence ; il s'autodévalorise, se méprise, et de ce fourvoiement naît la grande chute... Heureusement, chère lectrice, cher lecteur, encore quelques pages de conseils et ces drames insoutenables, fort heureusement, n'arriveront plus !

– Alerte 2 –

Voilà plus de deux chapitres que vous n'avez pas adressé la parole à vos collègues ; c'est louche ! Lancez un tonitruant : « Mais tout le monde pionce dans ce bureau ? », ce qui culpabilisera chacun et chacune et vous permettra de replonger dans votre lecture le cœur léger.

5
Le savoir-parler branleur

Le parler branleur, tout comme le *think branleur think nothing*, nécessite quelques aménagements de langage, mais il est assez facile en définitive puisque parfaitement éloigné (pour ne pas dire à l'opposé) de la non-activité déroutante du sujet. Pour toute personne prétendant se lancer dans cette carrière, il est important d'en maîtriser le lexique. Comme tout infiltré en milieu hostile, il est bien naturel que, pour des raisons de sécurité, le branleur utilise un langage codé. Être branleur sans un parler branleur, c'est être un taliban afghan énervé en train de faire sa prière au milieu d'un camp de boys – ce n'est pas impossible… mais c'est quand même osé, osé !

Bien que le branleur ait embrassé depuis bien longtemps la vie inactive, son langage est essentiellement constitué de mots qui rappellent la série « Urgences ». (Pour ceux qui ne connaissent pas, c'est une série où tout le monde essaye de mourir, mais plein de chirurgiens et aides-soignants s'y opposent vigoureusement, du coup tout le monde speede de tous les côtés pour qu'ils ne meurent pas, et ensuite le téléspectateur va se coucher les mains encore dans le sang et hyperénervé.) « Overbooké », « au taquet », « sur le feu », « dans le feu », « sous le feu », « à l'arrache », « deborded », « à fond », « charrette », voire « à fond charrette deborded » sont autant de mots rigolos dont le branleur use à tout-va dès que l'occasion se présente.

Le branleur est dans l'urgence, son vrai talent et de le faire savoir ; quant à faire savoir qu'il est dans l'urgence du rien, il ne va pas quand même pas le crier sur tous les toits… mais sachez-le et surtout poussez-vous devant : le branleur est toujours dans le rush.

Cette protection linguistique qu'il brandit comme un nunchaku lui permet bien sûr de donner une image de *trader* branché pugnace et volontaire ayant mis son corps au service du capitalisme… tout en décourageant tous ceux et celles qui auraient quelques velléités de surcharger cette mule habile croulant sous autant de projets fictifs…

Pour joindre l'inutile à l'agréable, son bureau même reflète une activité proprement débordante. Certes les plantes y sont vertes et en excellente santé, indiquant une préoccupation quotidienne fort louable de ce Nicolas le jardinier, mais au-delà de cet indice maladroit qui pourrait plaider en sa défaveur, les papiers, dossiers, notes et autres leurres sont gracieusement épars sur la table… C'est bien simple, son bureau dégouline de partout ! Si son bureau pouvait parler, je crois qu'il dirait : « Putain, j'en peux plus ! »

6
Le technobranleur

La technobranle, ou la branle hype, est la branle quotidienne confrontée héroïquement aux méfaits des nouvelles technologies. Tout branleur expert vous le confirmera, la technologie est à la base une vraie pure saloperie, l'ennemi juré de tout ce qui relève de la glandouille en entreprise. La technologie, disent même les plus chevronnés ayant roulé leur flemme, est une nuisance à la branle parfaitement majeure. (Nous y reviendrons dans le chapitre consacré aux pires ennemis des branleurs.)

La technologie, lorsqu'elle n'est pas mise au service du contrôle, ça sonne, ça bipe, ça rappelle, ça e-maile à tout-va, bref, ça sollicite et ça dérange inutilement au quotidien.

Partant de ce constat, le branleur averti est le premier à avoir listé toutes ces ignominieuses perturbations. Le branleur, qui n'est pas non plus né de la dernière pluie, a fort heureusement su très tôt détourner les technologies à son avantage. Comme nous vous proposons de le découvrir, face à tout changement environnemental majeur, qu'il soit économique, climatique, psychologique, quelque chose en « ique » ou même technologique, voire conologique, le branleur a une faculté d'adaptation remarquable.

Comme tout le monde, le branleur revient un jour de vacances. Sans revenir en chantant, c'est un moment qu'il vit de façon très étrange, puisque en définitive le concept même de vacances est pour lui assez abscons ; entre vacances et boulot, pour faire simple, il n'a pas vu grande différence, sauf qu'il ne peut pas nager au bureau. Mais là n'est pas la question. De retour de vacances, donc, et comme cela arrive à tous les salariés postmodernes, le branleur devrait être effaré lorsqu'il ouvre sa messagerie : des centaines d'e-mails urgents attendent impatiemment une réponse ! Eh bien non. Tandis que laborieusement le salarié lambda épluche e-mail après e-mail en courbant l'échine, le branleur résout cette petite contrariété d'un coup, d'un clic et d'une phrase :

« Chers collègues, un problème technique malencontreux a effacé les messages de ma messagerie, pouvez-vous avoir la gentillesse de me faire parvenir au plus tôt les messages d'importance, bonne rentrée à toutes et à tous. »

Clique, envoie et hop ! voilà de quoi vous faire comprendre que vous êtes… des nains.

Sitôt cette tâche finie, et sans oublier surtout d'immédiatement paramétrer un message d'absence pour cause de rendez-vous extérieur, histoire de marquer son territoire, compère branleur peut enfin s'attacher à aller boire un café bien mérité et fêter les retrouvailles avec son monde inactif… La nouvelle année est repartie en fanfare !

L'e-mail, qui avait dans un premier temps laissé stupéfait le branleur, a ainsi depuis longtemps été largement maté par ce dernier. Il l'a apprivoisé, dompté, asservi et a compris plus rapidement que quiconque la dynamique et le potentiel destructif de l'outil. Les messages non sollicités et virussés sont parmi ses préférés. Redoutable et acteur impliqué dans la réduction de la fracture numérique, il n'hésitera pas un millième de nanoseconde à ouvrir pour la énième fois l'e-mail konluiaditkifallaitpasouvrir paskcestunvirus. Sa vocation première étant de niquer la mondialisation, la nouvelle économie, pour un nouvel ordre mondial de la glande, vous imaginez bien que ce n'est pas un petit virus qui va le déconcerter, surtout si ce virus peut envoyer son PC et ce qui le relie au reste de l'organisation d'où il venait, c'est-à-dire direct chez le revendeur.

L'e-mail lui a aussi permis le miracle d'exister sans pour autant branler quoi que ce soit. Notre branleur expert a fait sienne depuis belle lurette la phrase d'Albert Brie : « Dans le monde dit du travail, l'expérience la meilleure consiste à atteindre le degré ultime de compétence dans l'art de simuler de l'occupation. » Quelle que soit la sollicitation, le branleur répond à toute l'entreprise ; il est en effet très important (vital) que l'ensemble de ses collègues soit tenu informé qu'il prendra bien un plateau-repas pour la réunion du 12. Le « *reply all* », c'est un peu comme une nouvelle assurance glandouille !

A contrario, il sait aussi communiquer à bon escient ; il est en effet d'une importance capitale que chacun sache que son bureau restera ouvert pendant la Toussaint. Cela nous amène à penser également que le branleur sait prendre des dates de vacances tout à fait atypiques et à contre-pied parfait de la logique des salariés (dits) normaux... Objectif numéro un, éviter coûte que coûte les coups de bourre. Un vrai branleur, du moins un qui serait un tant soit peu sérieux dans sa profession parallèle, pointera rarement son nez un mois de septembre (tous les autres glandeurs se foutraient de sa gueule à leur retour, ce serait un vrai *bashing*, comme disent nos amis anglais, dont le vrai slogan est *Work hard, glandouille harder*), sachant qu'auparavant il aura glandé tout le mois d'août dans des bureaux désertés. S'il y a les juilletistes et les aoûtiens, le branleur, lui, est « septembriste » ! Attention néanmoins, cette logique n'inclut pas les ponts, qui, habilement conjugués aux RTT, transforment un pont assez classique en une sorte d'aqueduc romain.

Le portable

Joindre un branleur sur son portable ? Cela relève de la mission impossible, puisque le branleur est en train de passer des coups de fil personnels, ou s'est mis en absence pour des raisons tout à fait légitimes que nous expliciterons plus avant. Vous comprendrez aisément qu'il ne peut pas non plus tout faire, mais vous pourrez vous consoler en laissant des messages auxquels il ne répondra pas… Le portable est en effet une saleté, un vrai mouchard qu'il a vite, mais alors très vite calmé. Tandis que chacun s'esbaudit de pouvoir raconter à son conjoint qu'il ramène le pain, qu'il est dans le train, aux toilettes ou n'importe où de très intéressant (en prenant soin de mettre au courant le plus grand nombre), le branleur, lui, relativement technophobe, a tout de suite perçu le caractère éminemment nocif et la perversion perverse de ce machin qui vibre en terme de localisation. Fini les rendez-vous extérieurs bâclés et peinards :

« T'es où ? »

« Tu reviens quand ? »

« Il était comment, le client ? »

« T'as pensé à notre offre spéciale ? »

« Comme t'es sur le trajet, tu pourras passer chez machin ? »

« Tu me rappelles quand t'arrives ! »

Bref, une vraie saleté qui te crame tes journées. Une saleté à éteindre, comme le font les Canadairs sur les incendies de forêt en Haute-Corse, histoire, vous l'aurez compris, de pouvoir prendre tranquillou le maquis. Et autant vous dire que les branleurs ne voient pas du meilleur œil cette invention à la con développée pour les personnes atteintes d'Alzheimer qui fuguent ou se perdent facilement. Une société québécoise a en effet mis au point un bracelet qui les géolocalise par GPS et triangulation GSM. Imaginez cela à la patte d'un branleur ! Cet outil démoniaque est distribué en France par Orange ; si votre entreprise utilise SFR, alors c'est que le syndicat des branleurs veille.

Le blog : glandeur et décadence

Le blog, ah ! le blog, voilà qui le réconcilie un peu avec la modernité ! Tout vrai branleur qui se respecte a un blog, sinon c'est que vous avez affaire à un genre d'amateur branlette même pas classé ATP (Anti-Travail Professionnel). Pour le pro, c'est un peu comme l'e-mail pour la plupart des salariés : il a du mal à se rappeler comment il a pu survivre en entreprise sans ce compagnon de tous ses instants les plus inutiles. Le blog, c'est sa came, sa dope pour satisfaire sa branlerie compulsive. C'est son défouloir, l'endroit où il peut enfin déverser au quotidien les fruits de son inactivité et capitaliser des heures et des heures de branlerie.

Les plus activistes ont opté pour des blogs solidaires : ils sont au service de leur communauté, donnant mille astuces pour se perfectionner dans l'absence de tout. Ils contribuent ainsi à propager la bonne parole du déclin et à faire vivre cette communauté grandissante. Comme le disent avec humour ces activistes au nombre de visites impressionnantes : « Le jour où les branleurs se réveilleront... ce sera un crack boursier à l'envers, mais heureusement, c'est pas près d'arriver. » D'autres, plus égoïstes ou du moins plus égocentriques, se consacrent à des passions personnelles très pointues, essaimant ici et là des blogs abscons, limite psychopathes, qui n'intéressent définitivement qu'eux-mêmes et eux-mêmes s'ils sont schizophrènes, et qui nécessitent pourtant un grand investissement personnel.

Je ne me permets pas de juger pour autant, mais on peut comprendre qu'un blog comme « Pause pipi ContreX » ne peut se conjuguer avec une activité professionnelle trop sérieuse à temps plein : cela gâcherait l'ambiance et altérerait la force créatrice du bloglandeur. De mon point de vue, si je rends ici hommage à ce blogueur, c'est qu'il est le dépositaire d'un blog étalon, un blog remarquable : ce pionnier sévit bien évidemment durant ses journées de travail. Techniquement parlant, il profite de ses pauses-pipi pour alimenter son blog. Des posts très humoristiques où l'on apprend que l'auteur a renversé sa tasse de café, qu'il s'est énervé, et plein d'autres choses à haute valeur ajoutée !

Mais vous pourrez préférer l'inutilité jubilatoire de « 09 h 09 », où tous les jours le webmaster se prend en photo à 9 h 09 précises... depuis septembre 2002 !

Pour un entraînement éclair et gratuit à la branlerie, je vous laisse le soin de retrouver ces blogs de maîtres. J'ai quand même, je l'avoue, une petite faiblesse pour « Post-relativity », sur lequel le webmaster remet enfin en cause la théorie de la relativité d'Albert Einstein ! Il était temps ! Mathématiciens et physiciens branleurs, si vous nous entendez... là on passe un cap, vous voilà en contact avec un gourou !

L'agenda

La gestion de son agenda est pour le branleur aguerri une activité qu'il ne néglige pas depuis que cette saloperie a été mise en ligne, donnant à voir au plus grand nombre l'activité des forces vives et moins vives de l'entreprise. C'est une vraie belle saleté d'espionnage et le branleur, là encore, en a très vite mesuré l'horreur. Objectif : se rendre le plus indisponible possible et miner l'ennemi comme les champs de blé au Vietnam. Hier, il pouvait encore faire prendre régulièrement son bain à son Palm-Pilot. Les temps ont changé, et faire prendre son bain au serveur de l'entreprise... c'est pas non plus tsunami tous les jours.

Après avoir truffé son agenda de réunions les plus douteuses et bourré le tout de formations bidons du type « formation aux premiers secours », qu'il fait chaque année pour ne pas perdre la main, au cas où il ferait lui-même un malaise, il reste les plages vides. Alors, forcément, quand il répète dans sa tête « plage vide », ça l'inspire : cocotier, sable chaud, etc. C'est pour le branleur une activité ludique, qu'il considère comme un agréable passe-temps au même titre que le gribouillage ou le tir à la chauve-souris. C'est aussi un moment où se dessinent les plus belles coalitions de branleurs qu'il est donné de voir. C'est une sorte de concours officieux entièrement voué aux projets « mare aux canards » (pour les non-initiés : un projet vaseux). Les règles sont simples : de l'ambition, de l'irréalisme, du délayage et moult réunions de branlerie à la clé. C'est du côté des branleurs vétérans, devenus pour le coup une véritable force de proposition, qu'il faut chercher les origines de projets tels que : « comment mieux vivre entre nous dans l'organisation », « devenir une entreprise citoyenne et durable »... Néanmoins, et tous les pros vous le confirmeront, s'il est possible de ne pas partager son agenda, cela reste, et de loin, le plus confortable.

Surfing the Web for nothing

Surfer sur le Web, ça le change franchement du Minitel. Pendant que le commun des mortels persiste à penser qu'Internet et le Web ont changé la face du monde, mes pauvres amis, la vérité, c'est que ça a surtout radicalement modifié la vie du branleur !

Autant dans des temps anciens, il était obligé, pour glander, de prendre des risques inconsidérés et de certifier à qui voulait bien le croire que les moments où il ne foutait rien étaient des moments d'intense réflexion (« Qu'est-ce tu fous ? – Je réfléchis... »), autant Internet lui a offert l'opportunité de branler pseudo-actif. Blogs, e-mails, discussions en ligne, rencontres, drague, jeux et mille autres activités à portée de clic, vus de loin, lui donnent un air dignement besogneux et affairé. Il est vrai que monsieur Branleur, lorsqu'il joue à « Shoot them all », a un air concentré ; seuls parfois de petits et mignons sursauts de frayeur peuvent le trahir mais, passé quelques heures et moyennant une certaine accoutumance aux combats à l'arme lourde, Dieu merci, tout rentre dans l'ordre.

⚠

– Alerte 3 –

BOUH ![1]

1. Si vous avez sursauté, c'est mauvais signe, vous culpabilisez de lire au boulot ! Il y a encore du travail !

7

Branleur et santé

Histoire de la gastro-entérite

Le branleur a une santé qui pourrait paraître pour l'observateur candide incroyablement fragile : il s'enrhume évidemment beaucoup plus que les autres, a plus de lumbagos, de migraines, de coups de pompe, etc. Ces différents éléments, cette espèce de cumul de mandats de la défaillance, pourraient effectivement de prime abord nous faire croire à une petite santé étriquée de souffreteux. Détrompez-vous, bien au contraire : le vrai branleur a simplement une santé parfaitement organisée, un tantinet mythomaniaque et excessivement sensible. À l'affût de toutes les maladies virales touchant l'entreprise, il se pose comme un véritable centre de veille sanitaire : guettant la gastro-entérite dans le bureau voisin, surveillant les toussotements à la cafétéria, il prétend avec un opportunisme de pro choper absolument tout ce qui passe, comme d'autres iraient à la cueillette des champignons. Le branleur est dans tous les coups. Pour lui, être malade, c'est d'abord sortir de l'entreprise, même crevard sur un brancard.

Souvent, également, l'affection le frappe très durement une semaine après sa rentrée de vacances (c'est le choc posttraumatique), et comme la maladie ne lâche pas facilement sa proie, elle le rattrape une semaine avant son départ en vacances.

Enterrements

Au-delà de la maladie qui s'acharne contre lui, le branleur est un être qui a appris à être profondément marqué par le destin, ce qui en a fait un être compassionnel. Il n'est pas du genre à louper un enterrement sous le prétexte fallacieux que l'enterré, lui, ne viendra pas au sien. La mesquinerie et les petitesses, ce n'est pas son genre. Il connaît un nombre de morts tellement invraisemblable qu'il devrait se lancer en politique. Autour de lui, c'est bien simple, ça tombe comme des mouches ; on ne le trouverait pas si sympathique (raison pour laquelle on l'invite à tous les pots), on le penserait facilement croisé entre le génocideur humoriste et le serial killer comique.

Et pourtant, héroïquement, suscitant l'admiration de tous, nonobstant ces multiples enterrements qui lui permettent de s'aérer régulièrement, accablé par ce sort qui le tourmente misérablement, allant parfois jusqu'à tuer deux fois les mêmes personnes parmi ses proches (rappelez-vous la tante Denise, si vous avez lu attentivement), le branleur sait se montrer digne et rieur, comme quoi, c'est une bonne nature et ce n'est sûrement pas la mort qui va l'abattre !

Bien-être

Il est bien naturel que, confronté à tous les affres d'une vie qui s'acharne aussi cruellement, le vrai branleur soit le premier à s'inscrire à toutes les formations à haute valeur ajoutée pour l'entreprise (quand il n'est pas en réunion CHSCT ni, comme déjà dit, en formation aux premiers secours). « Gestion du stress » et « développement personnel » sont parmi ses matières préférées, bien qu'il sache apprécier aussi des formations beaucoup plus impliquantes comme « gérer son temps » ; le branleur est en effet curieux, et cela lui permet d'ailleurs de tirer quelques enseignements profitables, à mettre au service de son savoir-rien-faire, mais surtout... de bien se poiler !

Afin d'assurer la pérennité et le renouvellement de ces sessions aussi indispensables que la thalassothérapie, il n'oublie jamais de mentionner le haut niveau de son stress au médecin du travail.

Le branleur, vous l'aurez compris, aspire seulement à une vie saine. Le travail n'est pas son vrai métier ; il en connaît mieux que quiconque la dangerosité et surveille tout risque stupide d'addiction... Boris Vian l'a dit mieux que quiconque : « Le travail est l'opium du peuple... Je ne veux pas mourir drogué ! » Eh bien, le branleur non plus ! Un esprit sain dans un corps sain, qui pourrait lui en vouloir ? Et que lui répondre lorsqu'il scande dans les couloirs : « Nous sommes tous des Boris » ?

8
Les pires ennemis des branleurs

La pointeuse

Aucun branleur digne de ce nom ne peut accepter de travailler avec une pointeuse, outil nul et non avenu. C'est d'ailleurs entre les branleurs un sujet de franche rigolade : dans le milieu de la branle, autant dire qu'être soumis à la pointeuse, c'est la honte ! Les rares cas de branleurs dans cette situation que nous avons pu observer sont obligés de pointer le matin, puis d'errer dans la ville pour revenir pointer le soir ; c'est une vie parfaitement aussi indigne qu'inacceptable, d'autant plus que le prix du demi n'a cessé d'augmenter depuis le passage à l'euro.

Quant aux menaces qui pèseraient sur le retour triomphal de la pointeuse dans une entreprise en étant dépourvue, le branleur de service, tout à fait informé des arguments à la con du gang anti-glande à l'origine de ce projet ignominieux, rentrera immédiatement[1] en contact avec le chef branleur syndicaliste afin d'étouffer cette initiative dans l'œuf, au

1. Phénomène assez rare pour être souligné.

motif d'une tentative par la direction de mise en place d'un harcèlement moral automatisé.

Les technologies

Nous y revenons, les technologies utilisées à bon escient servent désormais le branleur au quotidien, qui a su les détourner à son profit. Ce ne fut pas chose aisée, car les technologies ont un passif fâcheux de type Big Brother que big glandeur n'oublie pas. Elles demeurent la plupart du temps considérées par le susnommé comme un outil d'oppression. Ayant fait sien le dicton « Connais tes ennemis comme toi-même », un branleur de haut vol sait parfaitement protéger son inactivité privée. Branler est une telle insulte à la mondialisation qu'il est naturel de rester un tantinet discret sur certaines activités ; rois incontestés de l'e-mail perso et du surf sauvage sur les grosses vagues de la glande, il dispose ainsi de plusieurs messageries personnelles qui lui permettent d'informer de ses derniers méfaits d'armes (et en toute discrétion) le collectif de branleurs (et de branleuses) avec qui il est en contact permanent. Ayant vu toutes les saisons de « Columbo » et de « Derrick », il nettoie bien sûr son PC avec la même précaution que le serial killer fait place nette après son crime quotidien.

Plus important encore, il prendra soin de ne pas se retrouver bêtement dans des entreprises qui concourent ou gagnent le prix Orwell de la surveillance en entreprise[1] – certains terrains ne sont pas du tout propices à une glande épanouie, mais alors, pas du tout du tout ! Par exemple, à moins d'être un

1. Source : www.bigbrotherawards.eu.org/videosurveillance-des-salaries-de.html

parent proche de l'homme invisible, être branleur dans l'entrepôt du magasin XXXX à Nantes n'est pas une très bonne idée : avec soixante-cinq caméras pour soixante salariés, c'est même carrément une gageure, comme en témoigne un délégué syndical :

« Il n'est pas un recoin où l'on ne puisse être vu par la caméra. Les caméras sont reliées à un écran de contrôle unique, disposé dans le bureau du responsable entrepôt. Quand il voit un salarié qui prend une pause trop longue, il demande à l'un de ses agents d'intervenir. Parfois, il convoque même le salarié dans son bureau. »

Mais il y a Pire Action Entreprise pour s'opposer à la création d'une vraie Europe des branleurs : en République tchèque, où la même enseigne est également présente, la question a été résolue en interdisant les visites aux petits coins en dehors des temps de pause. Ne plus aller aux toilettes n'est-il pas la progression ultime de l'humanité ? Dans une grande mansuétude, une exception est toutefois autorisée : « Les femmes qui sont indisposées peuvent se rendre plus fréquemment aux toilettes », stipule le règlement. Mais pour qu'il n'y ait pas d'abus, ces employées-là devront porter un bandeau les rendant bien identifiables. Que dire ?

On parle déjà ici et là de challenges de branle qui s'organisent… puisque être branleur dans cette enseigne s'apparente un peu à un sport extrême – et cette enseigne devrait rapidement devenir un classique, un passage obligé des championnats du monde de la branle !

Faire croire à son supérieur hiérarchique à la dureté affolante d'une année passée à glander est peut-être le seul travail réel du branleur. C'est même à cet instant qu'il va donner son maximum. Le branleur est sous pression. Il a une heure devant lui pour combler un vide absolu d'un an, viser l'augmentation et une option pour une nouvelle année de glande. N'importe qui de normalement constitué s'effondrerait d'angoisse devant un tel insurmontable défit. Eh bien notre branleur, non ! Le branleur, durant l'entretien d'évaluation, tutoie le génie et force l'admiration.

Il n'a pas réalisé ses objectifs mais c'est chose tout à fait normale, et il est en mesure d'énoncer un nombre incommensurable de phénomènes quasi paranormaux qui n'ont cessé de s'acharner contre sa bonne volonté. Mais que l'entreprise se rassure, il a su faire face, il a fait front à cet acharnement démesurément déloyal avec courage, sans perdre sa motivation... Et là, pile poil, miraculeusement, à cette heure précise, il a enfin les choses en main pour entamer une future année d'exception. On va voir ce qu'on va voir ! Le branleur est, lorsqu'il est acculé, un formidable prestidigitateur. Son attitude est empathique et inconditionnellement positive ! Lorsqu'un membre du tribunal d'entreprise lui lancera un : « Ça ne peut plus durer comme cela », notre branleur ne se démontera pas le moins du monde et il dira, avec un même courroux de connivence :

« Vous avez parfaitement raison, les choses doivent changer ! »

Un tel renoncement et une telle auto-inacceptation laissent en général l'interlocuteur parfaitement pantois. Quant à ce que pense réellement le branleur en se foutant si ouvertement de la gueule du monde, on pourrait traduire cela par : « parle à mon cul, ma tête est malade » – c'est vous dire s'il est fort lorsqu'il se met sur le mode « force d'inertie ».

Le manager

Le branleur sait se méfier des ennemis. Alors qu'il se la coule douce, il s'en trouve toujours un qui lui veut du bien et qui veut à l'insu de son plein gré le transformer en cheval de course… Il y a toujours un plus malin que les autres qui a cru détecter en lui un potentiel non exploité.

Le branleur pro utilise une stratégie très simple, en deux temps et assez efficace. Le premier temps est bien évidemment de ne surtout rien changer de ses habitudes, voire même de forcer un peu le trait. Le second temps s'inspire de la mode anti*slapping* ; elle consiste à ne dire que du bien, voire du très bien de ce manager… afin de désamorcer chez lui toute velléité de critique. Il est toujours beaucoup plus difficile de critiquer et de houspiller quelqu'un qui dit du bien de vous et se vautre dans des louanges dithyrambiques qui feraient rougir Sitting Bull. Avec patience, opiniâtreté et bon sens dans la branlerie… tout s'arrange.

Le collègue jaloux

Le monde n'est pas encore tout à fait parfait, puisqu'il faut d'abord finir de nettoyer l'Irak, la Tchétchénie et en finir avec les terroristes tibétains, histoire de laisser ces États dans les toilettes où les dirigeants du monde prétendent les avoir trouvés. De fait, au niveau du branleur, le monde n'est pas encore parfait non plus. Si, pour certains, le branleur demeure un être un peu loufoque, marginal et sympathique qui, finalement, les venge un peu par procuration, la branle au bureau ne peut pas non plus faire l'unanimité. Certains collègues développent ainsi une haine sincère contre « cette espèce de branleur qui s'en sort toujours », et même une forme d'allergie à cet être parasitaire pompant sans complexe le sang de l'entreprise. Ils voient dans le branleur une espèce de tique néfaste... avec au bout du bout une entreprise crevarde et agonisante...

Le collègue jaloux va donc essayer par tous les moyens de faire ce qu'il appelle « tomber le branleur ». Pour cela, il va installer ici et là des « pièges à branleurs ». Ces pièges sont plus ou moins sophistiqués en fonction de sa position hiérarchique, puisque d'égal à égal le chasseur de branleurs n'a aucune chance. L'évaluation de fin d'année est à ce jour le piège connu le plus perfide, et nous en avons déjà parlé ! Pour le reste, le branleur sait faire face à ces crises normales de jalousie, qui sont pour lui une forme de reconnaissance.

Les comptes rendus

Les comptes rendus du branleur doivent être synthétiques et permettre d'occuper l'organisation pendant un petit moment. Le branleur sait mieux que quiconque que toute note courte et surprenante qu'il émettra, sans qu'elle nécessite une grande énergie mais qui donnera à voir de sa très haute implication, tombera entre les mains d'autres branleurs (voir exemple) qui sauront l'exploiter ; à ce titre, le branleur n'est pas un égoïste.

Exemple :

L'ingénieur a marché sur la queue d'un chien, le chien l'a mordu.

COMPTE RENDU DE L'ANIMATEUR AU CHEF DE SECTION :

L'ingénieur a marché sur la queue d'un chien, le chien l'a mordu. Conclusion : l'ingénieur souffre et il ne peut plus marcher.

RAPPORT DU CHEF DE SECTION AU CHEF DE DÉPARTEMENT :

Ce con d'ingénieur a marché sur la queue d'un brave chien qui ne lui avait rien fait. Le chien l'a mordu et il a eu raison. L'ingénieur souffre, et c'est bien fait pour ses pieds. Il ne peut plus marcher, c'est une bonne occasion de le foutre à la porte.

RAPPORT DU CHEF DE DÉPARTEMENT AU CHEF DE DIVISION :

D'après le chef de section, nous avons un ingénieur qui est con et qui souffre des pieds après avoir marché sur la queue d'un brave chien qui l'avait mordu. D'après le chef de section, qui a investigué, en fait il s'est avéré que c'était le chien qui avait raison. Nous partageons l'opinion du chef de section ; même si on est mordu, ce n'est pas une raison pour marcher sur la queue des autres. Nous envisageons donc de mettre cet ingénieur à la porte.

RAPPORT DU CHEF DE DIVISION AU DIRECTEUR D'ÉTUDES :

D'après le chef de département, le chef de section est devenu con parce qu'un de ses ingénieurs ne pouvait plus marcher à la suite d'une altercation vive avec un chien. Le chef de section indique que c'est le chien qui avait raison puisque c'est l'ingénieur qui a bravé le chien en lui mordant la queue. Le chef de département veut mettre l'ingénieur à la porte. À la réflexion, cette décision pourrait déboucher sur un procès et ce serait une folie dans le contexte social actuel. La meilleure solution consisterait à mettre le chef de section à la porte.

RAPPORT DU DIRECTEUR D'ÉTUDES AU P.-D.G. :

Un chef de département est devenu fou parce que son chef de section a écrasé la queue d'un ingénieur qui avait mordu son chien. Le chef de section prétend que c'était le chien qui avait raison. De toute évidence, ce chef de section est con et le chef de division envisage naturellement de le mettre à la porte. Toutefois, l'expérience a prouvé que les cons n'ont jamais entravé la bonne marche d'une entreprise, tout au plus ils font bien marrer Tonvoisin Debureau. C'est pourquoi nous pensons qu'il est préférable de nous séparer dare-dare du chef de département.

RAPPORT DU P.-D.G. AU CONSEIL D'ADMINISTRATION :

Un directeur d'études me signale qu'un chien est à l'origine de troubles très graves et intolérables au sein de l'entreprise. Les chefs de section deviennent de plus en plus cons, ils se mordent la queue en marchant et veulent avoir raison des chefs de département, qui sont devenus fous. Le chef de division, de rage, a écrasé un ingénieur, et le directeur d'études, traumatisé, prétend que seuls les cons sont capables de maintenir la bonne marche de l'entreprise ; nous envisageons de le mettre à la retraite anticipée[1].

L'esprit d'entreprise

Une fois par an, le branleur doit revêtir un costume beaucoup trop grand pour lui, celui de l'employé modèle. Autant dire qu'il flotte totalement dans ce costume ; subir les concepts les plus ineptes et grossiers (productivité, motivation, engagement, dépassement, objectifs, rentabilité...) et simuler l'esprit d'entreprise engendre chez le branleur une très grande souffrance. Cette souffrance est d'autant plus exacerbée que c'est bien là, de son point de vue, un tissu de conneries auquel tous ses confrères adhèrent.

Lors de ces réunions, autant dire qu'il doit apprendre à faire bonne figure. Avoir l'esprit d'entreprise tout en vivant à ses crochets n'est pas une tâche aisée, tant s'en faut ! Pour survivre année après année à ces épreuves, le branleur a quelques trucs : une préparation psychologique intensive avant cette soirée pas comme les autres, où il peut se retrouver à la table de types sincèrement motivés (grosse angoisse) ; mais c'est aussi un moment important pour faire le point sur sa stratégie – certains ont-ils détecté sa méthodologie ? Le pire pour un branleur étant bien sûr d'être débusqué et que quelqu'un prononce un jour l'horrible phrase en le désignant :

1. Source : *Internet at large* revisité par TD.

« Oh, lui, je le connais, c'est un vrai branleur ! » Ces cérémonies sont donc un endroit idéal pour allumer des contre-feux. Comme se faire voir à côté du *big boss*, jeter la suspicion sur d'autres au hasard des conversations (« Celui-là, il est sympa mais c'est vraiment un sacré branleur »), être actif et enthousiaste dans le service de coupes de champagne, et surtout bien penser à utiliser le terme « on » pour faire corps avec l'entreprise, ses valeurs, ses objectifs, ses ambitions et ses autres conneries.

– Alerte 4 –

Pour donner le change et vous relaxer la nuque, faites une petite pause : surfez sur Internet !

9

Maximes et conseils de branleur : le gai branleur

En vrac

Ne pas l'avouer, jamais ! Il n'est pas utile de rappeler des évidences, mais il faut poser les bases avec sincérité en se pointant le premier jour à 10 heures, pour ne plus déroger à cette règle. Le style branleur, cela ne se discute pas, cela s'impose, sinon cela donne de mauvaises habitudes aux collègues !

Attendre sans aucune impatience un ordre de travail, ne surtout pas le provoquer par une attitude qui pourrait paraître ambiguë.

Ne pas emmerder ni non plus narguer stupidement ceux qui travaillent effectivement, ne pas les jalouser surtout. Les détendre éventuellement de temps à autre, avec une petite blagounette, parce que, vous le savez bien, ils ont un emploi pénible : ils travaillent.

Adopter une attitude de repos donnant à s'y méprendre une impression de travail ; cela permet de rester décontracté et de supporter sans aucune fatigue toute inactivité, aussi longue soit-elle.

Conserver dans l'inaction la plus abyssale cet amour fou et sincère du travail bien fait, et pour cela ne pas hésiter à le laisser faire par des camarades beaucoup plus qualifiés et ambitieux. Il faut être tolérant : on peut aimer le travail et lui préférer le repos, c'est un choix de vie qui ne doit pas faire culpabiliser. Si certains ne savent pas travailler, d'autres, a contrario, ne savent pas rester sans rien faire. C'est se grandir et faire preuve de grande honnêteté que de reconnaître que, travail ou repos, c'est chacun son job !

Ne souffrir d'aucun complexe pour se présenter devant le comptable après un mois sans le moindre début de prémices de travail. Une culpabilité qui se lirait trop facilement sur votre visage ou dans des gestes fébriles ne pourrait que freiner vos augmentations ; qui plus est, il faut savoir être fier d'une inactivité bien faite et rondement menée.

Se vanter régulièrement de ne pas utiliser de montre, cela sert au moins deux fois dans l'année le jour du changement d'heure, mais cela permet aussi de retarder à peu près tout ! Rappeler également régulièrement sa détestation superstitieuse des réveils, horloges, cadrans solaires... ces compteurs de mort !

Toujours prendre l'ascenseur : la probabilité qu'il tombe en panne est bien plus forte que celle du plus haut des escaliers.

Si vous ne disposez pas d'un ascenseur, descendez les escaliers très doucement, faites de petits pas et des pauses toutes les cinq marches : on oublie trop souvent la dangerosité de ces instruments.

Statistiquement, il y a beaucoup plus d'accidents du travail que d'accidents de repos ou de sieste. Mais un ou deux accidents de repos par an, genre chute de hamac, sont néanmoins conseillés.

Conclusion

Le travail est une bien belle chose. C'est une chose précieuse, aussi ne faites pas les égoïstes, laissez-le à vos copains !

Exercices de « glande training »

Exercice 1 : À vos agendas !

Rien foutre, ça se planifie.

Saisissez toutes les occasions de glander cette année. Découpez les pictos ci-contre et collez-en un maximum sur un calendrier (allez en demander un à la poste ou à la caserne de pompiers la plus proche, ça vous fera toujours une petite balade les mains dans les poches).

Si vous réussissez à caser tous les pictos de la page sur le calendrier et qu'il vous reste encore des jours à remplir :

1. Vous êtes une feignasse de niveau international, respect !
2. Reproduisez d'autres pictos au photocopieur en prenant un air soucieux et absorbé, vous donnerez l'impression à vos collègues d'être en train de bosser sur un dossier atrocement compliqué.

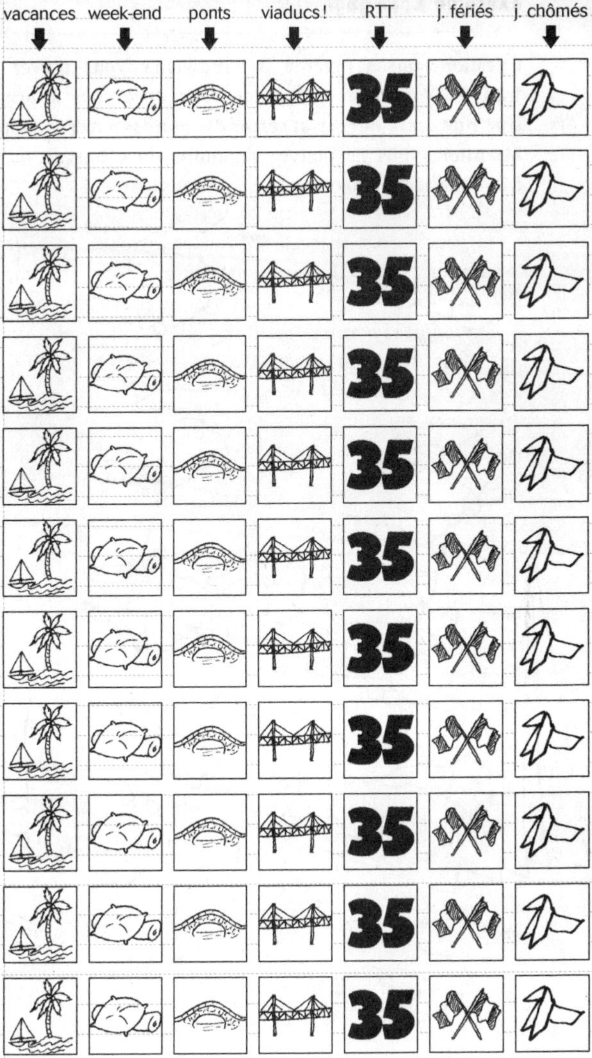
vacances
week-end
ponts
viaducs !
RTT
j. fériés
j. chômés
35

Exercice 2 : Le gage

Question : qui a inventé le sandwich ? Vous n'avez pas trouvé ? Vous avez un gage ! Vous devez dès à présent sortir de votre bureau et serrer dix mains (notez les noms) ; attention, vous ne pouvez rejoindre votre bureau qu'une fois cette tâche effectuée.*

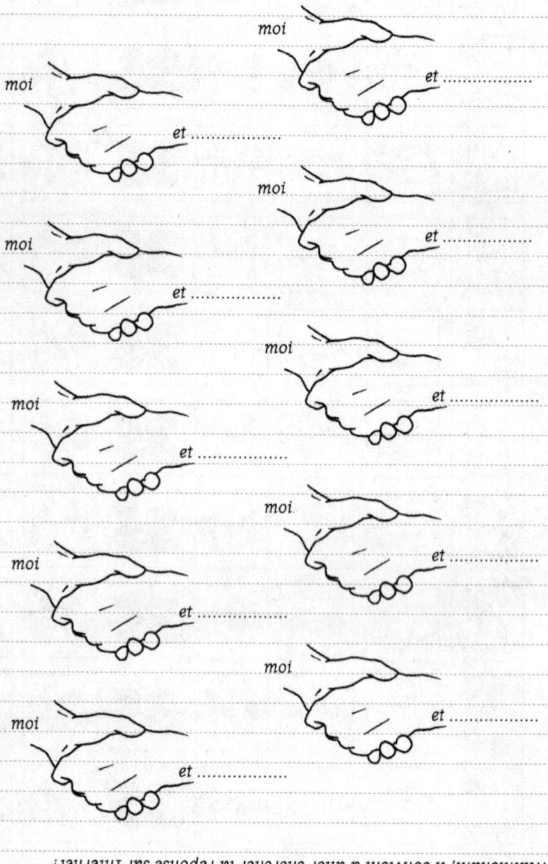

* *Maintenant, il convient d'aller chercher la réponse sur Internet !*

Exercice 3 : Devenez pilote de Formule 1

Matériel : un stylo-bille, un index, une feuille. Après avoir tracé un joli circuit sur une jolie feuille blanche et déterminé la ligne de départ et celle d'arrivée, posez la mine du stylo sur le point de départ, votre index à l'autre extrémité du stylo pour obtenir l'équilibre de l'ensemble, et poussez doucement. Attention aux sorties de route ; à l'endroit où le trait tracé sort de la route, replacez la mine, et ainsi de suite. Bonne route.

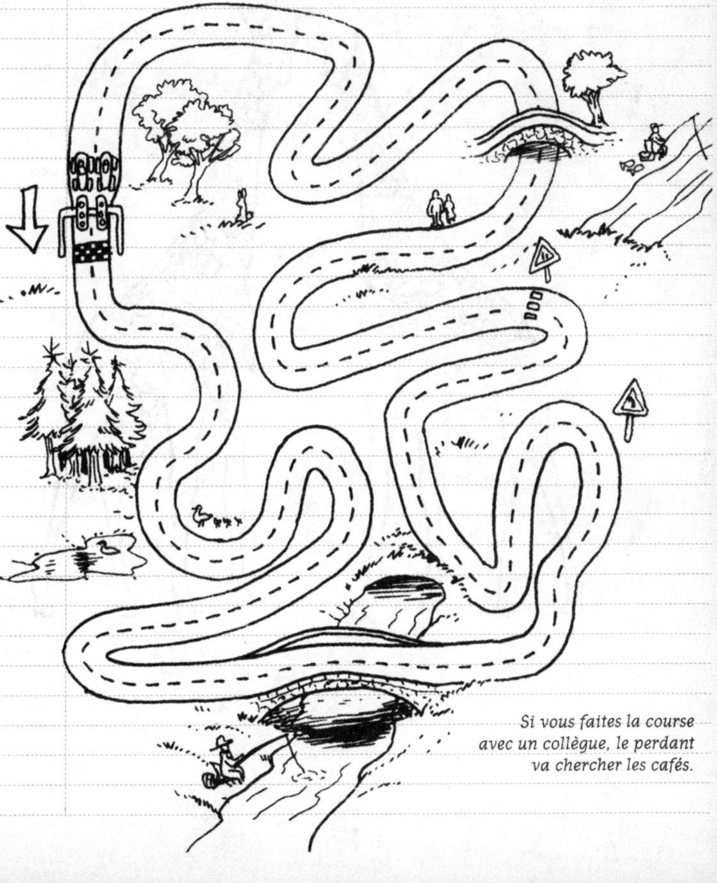

Si vous faites la course avec un collègue, le perdant va chercher les cafés.

Exercice 4 : Fabriquez votre propre girafe

Aujourd'hui, vous vous ennuyez. C'est fini : fabriquez enfin votre propre girafe !

Coller la page sur du bristol. Découper les deux faces puis collez-les dos à dos (sauf les pattes) afin de faire tenir la girafe debout.

Exercice 5 : Maintenant, peignez votre girafe

Matériel : la girafe que vous avez réalisée hier et un peigne. Si vous n'avez pas de peigne, vous pouvez découper le peigne ci-dessous...

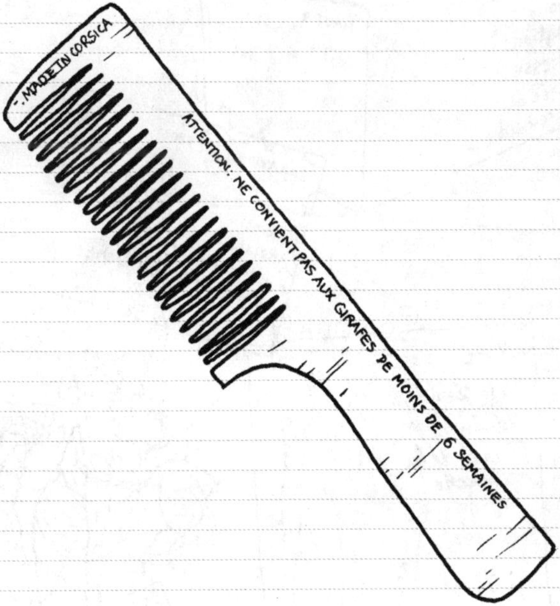

Exercice 6 : Perdus de vue ?

Retrouvez vos copains et copines, vos maîtresses, vos amants, un chien dont vous auriez perdu la trace...

Aujourd'hui, vous retrouvez tous vos amis et ennemis d'il y a très longtemps (sur les sites *Copains d'avant* ou *Facebook*) ; ensuite, notez leurs coordonnées et le temps mis pour les retrouver. Amusez-vous bien !

Exercice 7 : Une matinée à la maison... pour la bonne cause

Aujourd'hui, pendant que tout le monde est aux fourneaux, apprenez à faire la mousse au chocolat et surprenez tous vos collègues avec ce nouveau talent !

Temps de préparation : 10 minutes.
Temps de repos : 4 à 5 heures.

Ingrédients :
– 200 g de chocolat pâtissier
– 4 œufs
– 2 sachets de sucre vanillé
– 1 pincée de sel fin

Préparation :
Dans une petite casserole à fond épais, casser le chocolat en morceaux, ajouter 1 cuillerée d'eau et faire chauffer très doucement en remuant.

Verser le chocolat fondu dans une terrine, ajouter progressivement les 4 jaunes d'œufs en tournant très vite, puis les 2 sachets de sucre vanillé.

Battre les blancs d'œufs en neige ferme, avec une pincée de sel fin.

Les mélanger délicatement à la préparation chocolat, sans les briser.

Verser dans une coupe et mettre 4 ou 5 heures au réfrigérateur avant de servir.

Du coup, vous êtes obligé d'attendre qu'elle soit prête pour venir au bureau.

Eh oui.

Exercice 8 : Comptez les 1

Aujourd'hui, vous comptez les « 1 » de ces pages.

1111111111111111111111111111111111111111111
1111111111111111111111111111111111111111111
1111111111111111111111111111111111111111111
1111111111111111111111111111111111111111111
1111111111111111191111111111111111111111111
1111111111111111111111111111111111111111111
1111111111111111111111111111111111111111111
1111111111111111111111111111111111111121111
1111111111111111111111111111111111111111111
1111111111111111111111111111111111111111111
1111111111111111111111111111111111111111111
1111111111111111111111111111111111111111111
1111111111111111111111111111111111111111111
1111111111111111111111111111111111111111111
1111111111111111111111111111111111114111111
1111111111111111111111111111111111111111111
1111111111111111111181111111111111111111111
1111111111111111111111111111111111111111111
1111111111111111111111111111111111111111111
1111111111111111111111111111111111111111111
1111111111111111111111111111114111111111111
1111111111117111111111111111111111111111111
1111111111111111111111111111111111111111111
1111111111111111111111111111111111111111111
1111111111111111111111111111111111111111111
1111111111111111111111111111111111111111111
1111111111111111111111111111111111111111111
1511111111111111111111111111111111111111111
1111111111111111111111111111111111111111111
1111111111111111111111111111111111111111111
1111111111111111111111111111111111111111111
1111111111111111111111111111111111111111111

111111111111111111111111111111111111111111
111111111111111111111111111111111111111111
111111111111111111111111111111111111111111
111111111111111111111111111111111111111111
111111111111111111191111111111111111111111
111111111111111111111111111111111111111111
111111111111111111111111111111111111111111
111111111111111111111111111111111111111111
211111111111111111111111111111111111111111
111111111111111111111111111111111111111111
111111111111111111111111111111111111111111
111111111111111111111111111111111111111111
111111111111111111111111111111111111111111
111111111111111111111111111111111111111111
411111111111111111111111111111111111111111
111111111111111111111111111111111111111114
111111111111111111111111711111111111111111
111111111111111111111111111111111111111111
111111111111111111111111111111111111111111
111111111111111111111111111111111111111111
111114111111111111111111111111111111111111
111111111111111111111111111111118111111111
111111111111111111111111111111111111111111
111111111111111111111111111111111111111111
111111111111111111111111111111111111111111
111411111111111111111111111171111111111111
111111111111111111111111111111111111111111
111111111111111111111111111111111111111111
111111111111111111111111111111111111111111
111111111111111111111111111111111111111111
111111111111111111111111111111111111111111
111111111111111111115111111111111111111111
111111111111111111111111111111111111111111
111111111111111111111111111111111111111111
111111111111111111111111111111111111111111

Notez ici votre résultat :

Exercice 9 : Comptez les 2

Aujourd'hui, vous comptez les « 2 » de ces pages.

2222222222222222222222222222222222222222222
2222222222222222222222222222221222222222222
2222222222222222222222222222222222222222222
2222222222222222222222222222222222222222222
2222222222222222292222222222222222222222222
2222222222222222222222222222222222222222222
2222225222222222222222222222222222222222222
2222222222222222222222222222222222222222222
2222222222222222222222222222222222222222222
2222222222222222222222222222222222222222222
2222222222222222222222222222222222222222222
2222222222222222222222222222222222222222222
2222222222222222222222222222222222222222222
2222222222222222222222222222222222222222222
2222222222222222222222222222222222224222222
2222222222222222222222222222222222222222222
2222222222222222222282222222222222222222222
2222222222222222222222222222222222222222222
2222222222222222222222222222222222222222222
2222222222222222222222222222222222222222222
2222222222222222222222222222224222222222222
2222222222227222222222222222222222222222222
2222222222222222222222222222222222222222222
2222222222222222222222222222222222222222222
2222222222222222222222222222222222222222222
2222222222222222222222222222222222222222222
2222222222222122222222222222222222222222222
2522222222222222222222222222222222222222222
2222222222222222222222222222222222222222222
2222222222222222222222222222222222222222222
2222222222222222222222222222222222222222222
2222222222222222222222222222222222222222222

2222222222222222222222222222222222222222
2222222222222222222222222222222222222222
2222222222222222222222222222222122222222
2222222222222222222222222222222222222222
2222222222222222229222222222222222222222
2222222222222222222222222222222222222222
2222222222222222222222222222222222222222
2222222222222222222222222222222222222222
2222222222222222222222222222222222222222
2222222222222222222222222222222222222222
2222222222222222222222222222222222222222
2222222222222222222222222222222222222222
2222222222222222222222222222222222222222
2222222222222222222222222222222222222222
4222222222222222222222222222222222222222
2222222222222222222222222222222222222224
2222222222222222222222272222222222222222
2222222222222222222222222222222222222222
2222222222222222222222222222222222222222
2222222222222222222222222222222222222222
2222242222222222224222222222222222222222
2222222222222222222222222222222822222222
2222222222222222222222222222222222222222
2222222222222222222222222222222222222222
2222222222222222222222222222222222222222
2224222222222222222222222227222222222222
2222222222222222222222222222222222222222
2222222222222222222222222222222222222222
2222222222222222222222222222222222222222
2222222222222222222222222222222222222222
2222222222222222222222222222222222222222
2222222222222222222522222222222222222222
2222222222221222222222222222222222222222
2222222222222222222222222222222222222222
2222222222222222222222222222222222222222

Notez ici votre résultat :

Exercice 10 : Repos

Aujourd'hui, vous vous reposez.

Exercice 11 : Reprise

Devenez un formidable compteur de gens et de tous les événements de bureau les plus inutiles de cette belle journée.

Matériel : un bureau relativement bien placé.

– Notez ici votre heure d'arrivée : .... h.... min.

Depuis ce matin :

Question	*Nombre*	*Moyenne*
Combien de personnes vous ont dit bonjour ?		*/h*
Combien de mains avez-vous serrées ?		*/h*
Combien de fois êtes-vous allé aux toilettes ?		*/h*
Combien de fois le téléphone a-t-il sonné ?		*/h*
Combien de sonneries avez-vous entendues ?		*/h*
Combien de personnes sont allées aux toilettes ?		*/h*
Combien de fois a-t-on dit votre prénom ?		*/h*
Combien de fois avez-vous répondu « désolé, plus tard peut-être... là, je suis débordé » ?		*/h*
Combien de fois avez-vous regardé votre montre ?		*/h*
Combien de fois vous a-t-on proposé un café ?		*/h*
Combien de fois avez-vous proposé un café ?		*/h*
Combien de sucre dans votre café ?		*/h*

– Notez ici votre heure de départ : .... h.... min.

– Calculez votre temps de présence afin d'obtenir ensuite les moyennes horaires du tableau.

Exercice 12 : Architecture d'intérieur

Voici votre bureau. Amusez-vous à l'aménager pour qu'il devienne LE bureau idéal.

Je vous donne quelques idées :

Un fauteuil massant relaxant...

Un best-seller...

Un percolateur italien...

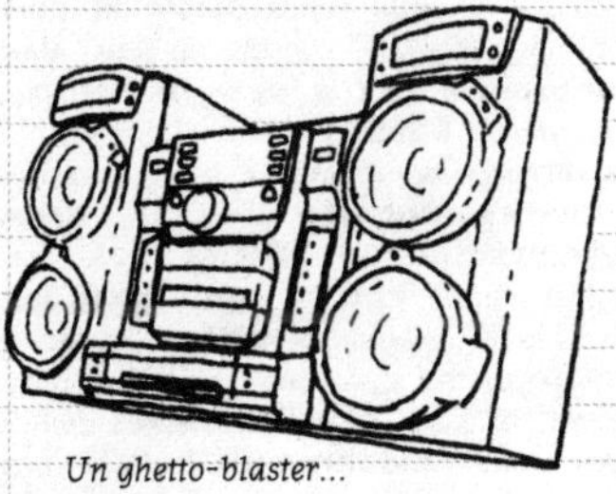

Un ghetto-blaster...

Un Renoir...
(oui, et alors ?)

Un jeu de fléchettes...

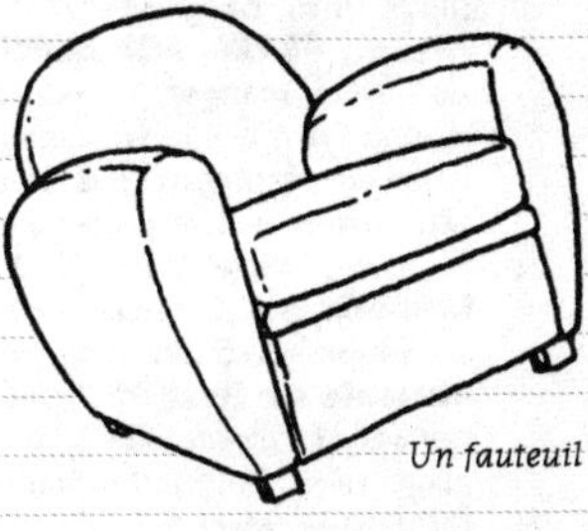

Un fauteuil club...

Un écran plasma HD 220 cm...

Un aquarium avec poissons rares...

Exercice 13 : L'intrus

Un intrus se cache dans cette liste. Trouvez-le.

bateau, BRONZER, cocktail, glander, rien branler, PISCINE, sport, loisirs, vacances, PLAGE, soleil, baignade, fainéant, jeux, REPOS, sieste, lit, dormir, rêver, rêvasser, FÊTES FORAINES, télévision, console de jeux, manger, amis, randonnée, ski, bateau, bronzer, cocktail, glander, rien branler, piscine, SPORT, loisirs, vacances, plage, SOLEIL, baignade, fainéant, jeux, repos, sieste, LIT, dormir, rêver, rêvasser, FÊTES FORAINES, télévision, console de jeux, manger, AMIS, randonner, ski, bateau, bronzer, COCKTAIL, feignasse, poil dans la main, glander, rien branler, piscine, SPORT, loisirs, vacances, plage, soleil, baignade, fainéant, jeux, repos, sieste, lit, dormir, rêver, RÊVASSER, fêtes foraines, télévision, console de jeux, MANGER, amis, randonnée, ski, bateau, bronzer, COCKTAIL, glander, rien branler, piscine, SPORT, loisirs, vacances, plage, SOLEIL, baignade, fainéant, jeux, repos, SIESTE, lit, dormir, rêver, rêvasser, fêtes foraines, TÉLÉVISION, console de jeux, manger, amis, randonnée, ski, bateau, bronzer, cocktail, glander, rien branler, piscine, sport, LOISIRS, vacances, plage, soleil, BAIGNADE, fainéant, jeux, repos, sieste, lit, DORMIR, bateau, bronzer, COCKTAIL, glander, rien branler, piscine, SPORT, loisirs, vacances, plage, soleil, BAIGNADE, fainéant, jeux, poil dans la main, repos, sieste, LIT, dormir, rêver, rêvasser, fêtes foraines, télévision, console de jeux, manger, amis, randonnée, ski, bateau, bronzer, COCKTAIL, glander, rien branler, piscine, SPORT, loisirs, vacances, plage, soleil, baignade, FEIGNASSE, jeux, repos, sieste, LIT, dormir, rêver, rêvasser, FETES FORAINES, poil dans la main, télévision, console de jeux, manger, AMIS, randonnée, ski, bateau, bronzer, cocktail, GLANDER, rien branler, piscine, sport, loisirs, vacances, plage, soleil, baignade, fainéant, jeux, repos, sieste, LIT, dormir, rêver, rêvasser, FÊTES FORAINES, télévision, console de jeux, manger, amis, randonner, SKI, bateau, bronzer, cocktail, GLANDER, rien branler, piscine, sport, LOISIRS, vacances, plage, soleil, baignade, FAINÉANT, jeux, repos, sieste, lit, dormir, RÊVER, rêvasser, fêtes foraines, télévision, console de jeux, manger, amis, randonnée, ski, bateau, bronzer, cocktail, glander, RIEN BRANLER, piscine, sport, loisirs, VACANCES, plage, soleil, baignade, fainéant, jeux, POIL DANS LA MAIN, repos, sieste, lit, DORMIR, rêver, rêvasser, fêtes foraines, TELEVISION, console de jeux, manger, amis, randonnée, SKI, lit, dormir, rêver, rêvasser, fêtes foraines, TÉLÉVISION, console de jeux, manger, amis, randonnée, ski, bateau, bronzer, cocktail, glander, rien branler, piscine, sport, LOISIRS, vacances, plage, soleil, BAIGNADE, fainéant, jeux, repos, sieste, lit, DORMIR, travail, bateau, bronzer, FEIGNASSE, glander, rien branler, piscine, SPORT, loisirs, vacances, plage, soleil, RIEN BRANLER, fainéant, jeux, poil dans la main, repos, sieste, LIT, dormir, rêver, rêvasser, fêtes foraines, télévision, console de jeux, manger, amis, randonnée, ski, bateau, bronzer, COCKTAIL, glander, rien branler, piscine, SPORT, loisirs, vacances, plage, soleil, baignade

Exercice 14 : Réalisez vos prédictions

Vous ne ferez pas le travail demandé, vous l'avez bien dit : « Il peut toujours se brosser ! » Dessinez votre oppresseur (ou collez sa photo !) puis regardez-le se brosser en vain.

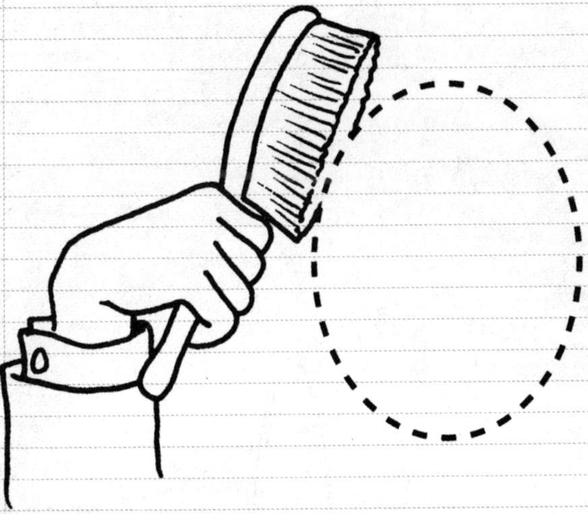

Exercice 15 : Gymnastique

Posez la tranche de vos mains croisées sur les repères gris, les pouces à la verticale des pointillés. Tournez les pouces le plus vite et le plus longtemps possible.

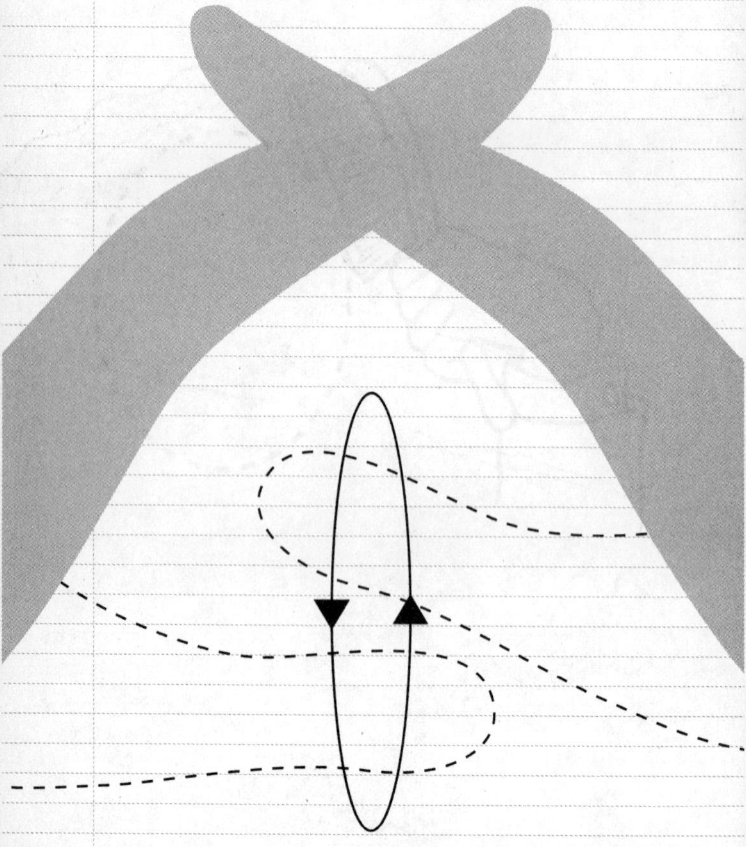

Exercice 16 : Tir au flan

Au lieu de tirer au flanc, tirez au flan.

Matériel : un stylo.

En positionnant votre stylo à une vingtaine de centimètres de la feuille, procédez à 10 tirs de précision sur le flan ci-dessous, puis notez votre meilleur score (la croûte = 5 points, le flan = 3 points, le gratiné du dessus = 1 point).

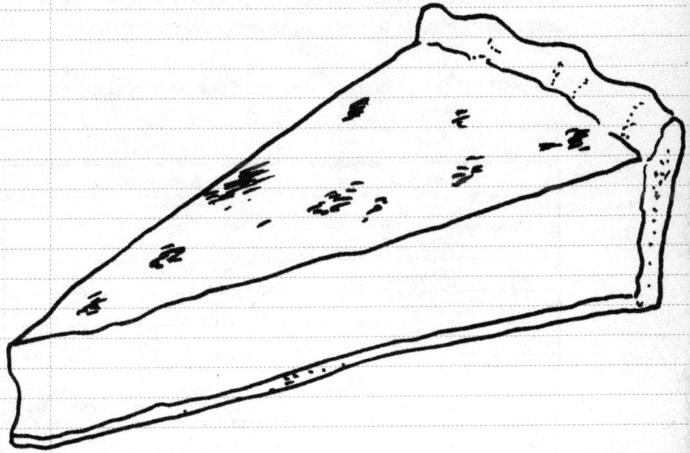

Tir	1	2	3	4	5
Score					

Attention ! Ne confondez pas cet exercice avec celui qui consiste à se tirer dessus avec des Flanby® à la cantine (à moins bien sûr que vous n'ayez treize ans et que vous lisiez ce livre pendant les cours de votre troisième CM2 consécutif). Mes amitiés à vos parents.

Exercice 17 - Pas à pas

Tsss tsss tsss vilain(e) lecteur(trice) vous venez de vous asseoir à votre bureau et vous bouquinez, c'est bien ! Mais savez-vous exactement le nombre de pas que vous avez faits depuis que vous avez franchi la porte de votre entreprise ?

Bien sûr que non.

Alors vous retournez à l'entrée et vous comptez avec méthode. Puis vous inscrivez votre score dans le tableau ci-dessous. Ensuite vous n'aurez bien entendu de cesse que de l'améliorer. Vous noterez que plus le nombre de pas est important plus le temps gagné est conséquent.

Un petit pas pour l'homme, un grand pas pour la glande !

Semaine	*Nombre de pas*
Lundi	
Mardi	
Mercredi	
Jeudi	
Vendredi	
Samedi	
Dimanche	*(non, là je déconne, reposez-vous !)*

Exercice 18 - Ne tournez plus en rond, devenez le rond ...

Aujourd'hui, vous tournez en rond? Bravo! Profitez de ces bonnes dispositions pour réaliser le cercle parfait!

Pour vous aider, servez-vous du modèle. Pensez à rassurer vos collègues: quand vous aurez réussi, vous vous mettrez à bosser.

Modèle.

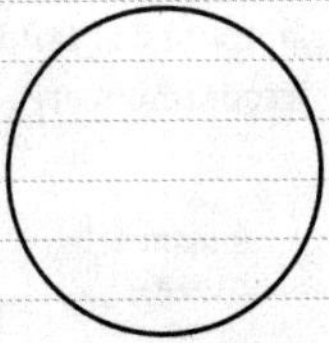

Non, finalement, prenez plutôt ce modèle-là.

1er essai :

2e essai :

3e essai :

Normalement, après le 3e essai, vous n'y arrivez toujours pas. Continuez sur une nouvelle feuille, ça devrait vous prendre la journée.

Exercice 19 - Devenez organisateur professionnel de courses de fourmis

Aujourd'hui vous organisez une époustouflante course de fourmis.

Matériel nécessaire : un Bic® vide et une fourmi par participant. Faites entrer la fourmi dans le stylo et placez-le sur une des lignes prévues à cet effet. La fourmi qui sort la première de l'autre côté a gagné. Pas de découragement si vous ne trouvez pas de fourmis, la chasse à la fourmi est une activité de glande à part entière tout à fait remarquable, vous recommencerez l'exercice demain en étant plus prévoyant...

fourmi 1 *fourmi 2* *fourmi 3* *fourmi 4*

Exercice 20 - Eh oh!!!

Vous avez oublié de fabriquer votre écurie à fourmis!

Attention, comme vous n'êtes pas un serial killer, pensez à faire des trous d'aération (pas trop gros quand-même, sinon les fourmis se barrent à travers) à l'aide d'une épingle.... Vous n'avez pas d'épingle? Qu'à cela ne tienne, retournez illico presto en chercher une chez vous, vous ne voudriez tout de même pas génocider votre élevage! Maintenant, collez sur du bristol, découpez, pliez, percez.

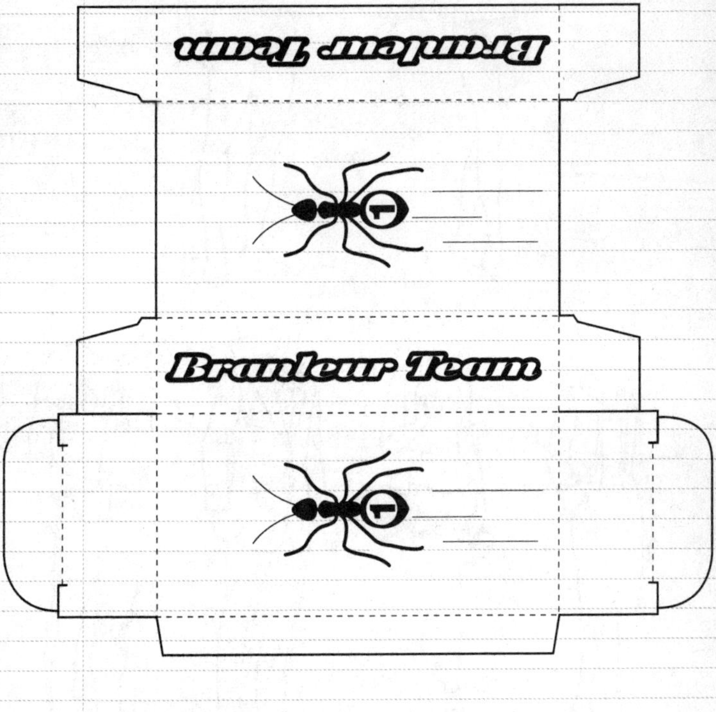

Exercice 21 : Temps de sommeil

Trop de temps perdu à choisir sa tenue le matin ? Réfléchissez dès maintenant à ce que vous porterez demain et gagnez 10 minutes de sommeil.

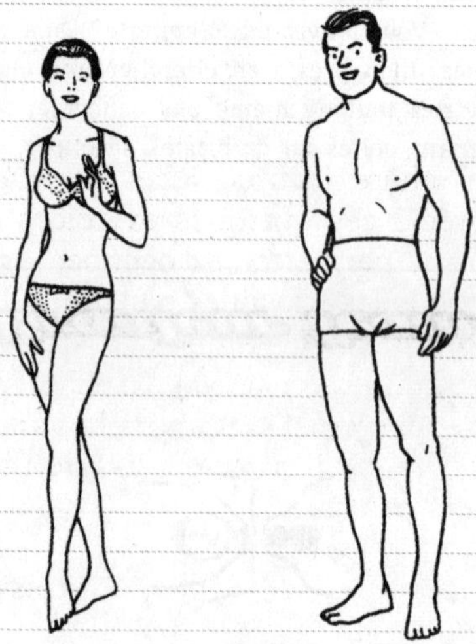

Dernier conseil pour la route

J'espère, chère lectrice, cher lecteur, que vous aurez apprécié ces quelques exercices de « glande *training* » qui permettent d'occuper agréablement ces quelques jours travaillés par mois. J'attire votre attention sur une méprise un peu sotte de type orthophonique faite par quelques lecteurs étourdis : veillez à ne pas comprendre « quelques jours travaillés par *moi* » – il ne s'agit pas de flancher dans vos premiers pas !

Tonvoisin DEBUREAU

Table des matières

Du même auteur
aux Éditions J'ai lu :

Travailler avec des cons

Comment identifier les cons qui vous entourent au bureau, comment les comprendre, les piéger et devenir leur bourreau ?

N°8948

Vivre avec des cons

Qui n'a jamais été entraîné dans une journée à la con ? Du voisin qui se lève aux aurores le dimanche, aux cons mobiles (en voiture, en vélo ou à pied), en passant par le con-joint ou la con-jointe... tout le monde est concerné.

N°8949

9326

Composition
PCA

Achevé d'imprimer en France (Malesherbes)
par Maury-Imprimeur
le 25 juillet 2010.

Dépôt légal juillet 2010.
EAN 9782290016459

ÉDITIONS J'AI LU
87, quai Panhard-et-Levassor, 75013 Paris

Diffusion France et étranger : Flammarion